utb 5617

Eine Arbeitsgemeinschaft der Verlage

Böhlau Verlag · Wien · Köln · Weimar
Verlag Barbara Budrich · Opladen · Toronto
facultas · Wien
Wilhelm Fink · Paderborn
Narr Francke Attempto Verlag / expert verlag · Tübingen
Haupt Verlag · Bern
Verlag Julius Klinkhardt · Bad Heilbrunn
Mohr Siebeck · Tübingen
Ernst Reinhardt Verlag · München
Ferdinand Schöningh · Paderborn
transcript Verlag · Bielefeld
Eugen Ulmer Verlag · Stuttgart
UVK Verlag · München
Vandenhoeck & Ruprecht · Göttingen
Waxmann · Münster · New York
wbv Publikation · Bielefeld
Wochenschau Verlag · Frankfurt am Main

Dr. Rita Braches-Chyrek ist Professorin an der Otto-Friedrich-Universität Bamberg, Fakultät Humanwissenschaften, Institut für Erziehungswissenschaft, Lehrstuhl Sozialpädagogik.

Rita Braches-Chyrek

Theorien, Konzepte und Ansätze der Kindheitspädagogik

WOCHENSCHAU VERLAG

Die Reihe Kindheitspädagogik und Familienbildung wird herausgegeben von Rita Braches-Chyrek, Irene Dittrich, Veronika Fischer und Elke Kruse.

Titel der Reihe:

Bd. 1: Theorien, Konzepte und Ansätze der Kindheitspädagogik
Bd. 2: Diversity in der Kindheitspädagogik und Familienbildung
Bd. 3: Familienbildung. Entstehung, Strukturen und Konzepte
Bd. 4: Rechtliche Grundlagen in der Kindheitspädagogik
Bd. 5: Kindheitspädagogische Forschung (in Planung)
Bd. 6: Kommunikation – Sprache – Mehrsprachigkeit (in Planung)
Bd. 7: Von der Kindergärtnerin zur Kindheitspädagogin (in Planung)

Online-Angebote oder elektronische Ausgaben sind erhältlich unter www.utb-shop.de

Bibliografische Information der Deutschen Nationalbibliothek

Die Deutsche Nationalbibliothek verzeichnet diese Publikation in der Deutschen Nationalbibliografie; detaillierte bibliografische Daten sind im Internet unter http://dnb.d-nb.de abrufbar.

www.wochenschau-verlag.de

Printed in Germany
Satz: SATZstudio Josef Pieper, Bedburg-Hau
Einbandgestaltung: Atelier Reichert, Stuttgart
Umschlagmotiv: © Jürgen W / Photocase Addicts

utb-Band-Nr. 5617
ISBN 978-3-8252-5617-3 (Buch)
E-Book ISBN 978-3-8385-5617-8 (PDF)

Inhalt

1. Theorien, Konzepte und Ansätze der Kindheitspädagogik

Mit der Herausbildung und Etablierung der Kindheitspädagogik konnte sich ein disziplinärer Zugriff als Kindheitsforschung etablieren, der die bisherigen pädagogisch-anthropologisch ausgerichteten Überlegungen innerhalb der frühpädagogischen Theorien zu erweitern sucht. Im Zusammengehen mit traditionellen bildungs- und erziehungstheoretischen Bestimmungen der (früh-)pädagogischen Klassiker werden neuere Erkenntnisse der Pädagogik, Gesellschaftswissenschaften und Entwicklungsforschung in diesem Buch mitberücksichtigt. Relevant ist es dabei, zum einen den Blick auf theoretische Überlegungen zu lenken, die in den zuletzt erschienenen Sammelbänden zur Theorie der frühkindlichen Bildung und Erziehung (bspw. Franke-Meyer/Reyer 2015) wenig beachtet wurden, wie bspw. die Beiträge von Wissenschaftler*innen zur Theoriebildung. Zum anderen werden theoretische Ideengänge und Konzepte zur Deutung und Wahrnehmung von Kindern und Kindheit als eigenständige Lebensphase gezielt aufgenommen, um deren Relevanz für pädagogisches Denken und Handeln diskutieren zu können.

Ziel ist es, die unterschiedlichen Fokussierungen und Themen des Lernens und der Bildung, der Didaktik, optimaler Räume und sozialer Erfahrungen für verschiedene Lebensphasen im Kontext der jeweiligen Sichtweisen der Wissenschaftler*innen zu definieren und herauszuarbeiten. Gleichzeitig wird analysiert, welche normativen, teilweise auch romantischen Bilder von gelingender und guter Kindheit bis heute in kindheitspädagogischen Diskursen wirksam sind (Braches-Chyrek/Sünker 2017; 2017a). Ebenfalls werden Kindheitsvorstellungen in den Blick genommen, die zwar eine Deutungs-, Orientierungs-, Handlungs- und Legitimationsfunktion haben (Blaschke-Nacak/Stenger/Zirfas 2018, 11), aber auch mit Vorstellungen von Erziehung, Bildung, Bildsamkeit, Lernwilligkeit und Lernfähigkeit verknüpft werden (ebd.). Diese unterschiedlichen i.d.R. von Erwachsenen geprägten Bedeutungs- und Vorstellungsinhalte vom Kind, Kindern und Kindheit weisen Widersprüchlichkeiten, Ambivalenzen, Antinomien sowie Grenzerfahrungen auf. Sie sind generational, historisch, kulturell und sozial von sehr differenten Zugängen zu Wissensbeständen sowie deren Verarbeitung geprägt. Dies wird sichtbar bei der näheren Betrachtung der theoretischen Ideengänge, welche von der Einbindung in gesellschaftliche Hierarchien, dem Wissen über Diskurse, Ideologien, Mythen, den Verpflichtungen gegenüber Organisationen, Bürokratien sowie sozialen Bewegungen, den örtlichen und räumlichen Handlungsmöglichkeiten beeinflusst sind.

Leitmotivisch sollen daher die pädagogischen Bilder vom Kind, mit denen Ordnungsmuster ermöglicht und geschaffen werden, in ihren Wirkungen auf theoretische und methodische Modelle für pädagogisches Handeln analysiert werden. Daher gilt es, die unterschiedlichen theoretischen Entwicklungslinien im Kontext ihrer historischen Verortung sichtbar zu machen, gegenüberzustellen und kritisch einzuordnen, um weitere Debatten zu ermöglichen. Verweisungszusammenhänge zwischen den einzelnen Theorietraditionen werden nach Kindheitsbildern, Orten von Erziehung und Bildung als auch zentralen Grundlegungen aufgeschlüsselt.

2. Klassische Theorien und Ansätze der Kindheitspädagogik

Erkenntnisse und zentrale theoretische Bestimmungen klassischer Theorien, Konzepte und Ansätze der Kindheitspädagogik lassen sich nur im Kontext ihrer zeitlichen Genese erschließen. Dabei ist bewusst eine Auswahl getroffen worden, die sich von anderen Zuschreibungen zentraler Wegbereiter*innen oder auch Klassiker*innen der Pädagogik der frühen Kindheit abgrenzt (ebd.). Dies ist sicherlich zum einen der Einsicht geschuldet, dass eine klar umreißbare Zuschreibung von ideengeschichtlichen Traditionen in der Kindheitspädagogik nur schwer möglich ist, da bspw. nach einigen Theoretiker*innen die frühkindliche Erziehung und Bildung eher als eine Vorstufe oder ein Teil der gesamten pädagogischen bzw. erziehungswissenschaftlichen Überlegungen anzusehen ist (Braches-Chyrek/Bock 2021). Auch können hier psychoanalytische, psychologische sowie entwicklungspsychologische Einflüsse und Bezugstheorien (wie etwa Sigmund Freud, John Dewey, Jean Piaget, William Thierry Preyer, William Stern, Johann Christian August Grohmann, John Bowlby oder Erik Homburger Erikson, Howard Gardner) nur randständig berücksichtigt werden, trotz der Tatsache, dass diese erneut im Kontext aktueller Debatten um Diagnostik und Förderung eine hohe Wirkungsmacht entfalten. Zum anderen ist es immer wieder erstaunlich, dass die grundlegenden Problem- und Fragestellungen von Theoretiker*innen im Zusammenhang mit der Zuschreibung als Klassiker*in oder Wegbereiter*in nur wenig beachtet werden. Zentral sind daher im Folgenden die theoretisch wie methodisch bedeutsamen Vergewisserungen und Gegenstandsbestimmungen, welche die Herausbildung und Fundierung der Profession und Disziplin Kindheitspädagogik begleitet haben. Daher stehen im Mittelpunkt der folgenden Ausführungen grundsätzliche Einsichten, pädagogische Prinzipien, didaktische und methodische sowie theoretische Grundlegungen.

Obwohl mittlerweile versucht wird, die unterschiedliche Verwendung der Begriffe Frühpädagogik (englisch: early childhood education), Vorschulpädagogik, Kleinkindpädagogik oder Elementarpädagogik zu klären, sollte berücksichtigt werden, dass neben den wechselnden Bedeutungen und Zuschreibungen, die mit diesen Begriffen erfolgen, auch wechselnde Theorie- und Wissenskontexte in den unterschiedlichen Handlungs- und Wissenschaftsfeldern der Kindheitspädagogik entstanden sind, die zu differenten Theorien und Ansätzen der Gegenstandsbestimmungen geführt haben. Während mit Elementarpädagogik pädagogische Konzepte und Fragestellungen verbunden werden, die einen engeren Ausschnitt der Bildung und Erziehung im Kindesalter kennzeichnen (von null bis acht Lebensjahren), wird mit dem Begriff Vorschulpädagogik der Bereich der Vorschulerziehung gekennzeichnet.

Hingegen sind die Konzepte der Kleinkindpädagogik und Frühpädagogik bis heute eng verknüpft mit bürgerlichen Idealvorstellungen von Erziehung, Bildung und Betreuung. Daher richten sich die mit frühpädagogischen Fragen verbundenen wissenschaftlichen Akzentuierungen häufig an das familiale Erziehungs- und Bildungsgeschehen, ausgehend von der Annahme, dass die Familie – und insbesondere die Mutter – exklusiv für die Erziehung, Bildung und Betreuung des Kindes oder der Kinder zuständig ist. Vielfach gestützt durch gesellschafts- und/oder philosophisch begründete Annahmen – sowie rechtlich gerahmt – sollen erziehungstheoretische Konzepte für die frühe Kindheit begründet werden. Erst seit Mitte des 20. Jahrhunderts wurden die Erkenntnisgewinne tiefenpsychologischer Forschungsbefunde, aber auch die der Begabungsforschung und der Neurowissenschaft in den Theoriedebatten berücksichtigt. Daher hält sich bis heute die Vorstellung, dass die frühpädagogischen Wissensbestände und Forschungsbefunde eher auf Denkfiguren beruhen, mit der eine Einordnung der Frühpädagogik als Integrationswissenschaft begründet und bestätigt werden könnte. Weiterhin werden immer wieder zwei zentrale Paradigmen angeführt, mit denen die wechselnde Zuordnung von Theorie- und Wissenskontexten begründet werden, die zu der heutigen Funktionalisierung von Frühpädagogik als öffentliche Aufgabe geführt haben. Zum einen wird Frühpädagogik verbunden mit der Pädagogisierung und dem Schutz von „armen“ Kindern durch die Schaffung von Institutionen wie bspw. Bewahranstalten, Warteschulen, Kleinkinderschulen (Franke-Meyer 2011, 22; Braches-Chyrek 2020b); und zum anderen sollten durch frühpädagogische Angebote frühe Bildung und frühes Lernen von privilegierten Kindern aus dem bürgerlichen Milieu sichergestellt werden. Die naturwüchsig-private Erziehung in Familien wurde zu einer planmäßigen-öffentlichen Veranstaltung (Sachße 2018, 5).

Um vor dem Hintergrund dieser Differenzierungen die Potenziale der leitmotivischen theoretischen Ideengänge zur Kindheitspädagogik herausarbeiten zu können und um eine möglichst einheitliche Strukturierung der Beiträge zu ermöglichen, werden jeweils nach einer kurzen Darstellung bedeutsamer biografischer Angaben die wichtigsten theoretischen Denk- und Handlungsfiguren wie auch relevante wissenschaftliche Erkenntnisse in ihren Wirkungen für heutige Theoriedebatten dargestellt.

Begonnen wird mit der Beschreibung wissenschaftsgeschichtlich relevanter theoretischer Ansätze, die bis ins 16. Jahrhundert zurückreichen und bis heute überaus zentral die theoretischen Ordnungsgefüge in der Kindheitspädagogik charakterisieren. Dabei stehen die Inhalte der theoretischen Aussagen im Vordergrund der Betrachtung, um zum einen die theoretischen Strukturen herauszuarbeiten und zum anderen die verschiedenen begrifflichen Konzeptionen als Erkenntnisinstrumente zur Einordnung der Betrachtung von frühkindlichen Erziehungs- und Bildungsprozessen zu verdeutlichen.

2.1 Die pädagogische Ordnung: Johann Amos Comenius (1592–1670)

Johann Amos Comenius (tschechisch: Jan Amos Komensky) war ein tschechischer Philosoph, Theologe und Pädagoge. Er wuchs in einem bürgerlichen Milieu auf, bei Verwandten, da seine Eltern früh verstarben. An der calvinistischen Hohen Schule in Herborn sowie an der Universität Heidelberg studierte er Theologie. Nach seinem Studium war er zuerst als Lehrer und anschließend als Rektor der

Brüderschule in Perau tätig. Dort wurde er im Jahr 1616 zum Pfarrer der Unität geweiht. In den Jahren von 1618 bis 1621 leitete er die Schule und Gemeinde in Fulnek. Aufgrund der Glaubensverfolgungen im Dreißigjährigen Krieg musste er fliehen und verlor seine Familie (Magdalena Viszovska und zwei Kinder). Er emigrierte ins polnische Lissa (Leszno), unterrichtete dort an einer Adelsschule und wurde zum Praeses (Bischof) (1632) der Böhmischen Brüdergemeinde geweiht (Franke-Meyer/Reyer 2015, 13). Im Jahr 1624 ehelichte er Dorothea Cyrillova und gründete eine weitere Familie mit drei Töchtern und einem Sohn. In den Jahren nach 1650 entwickelte er ein innovatives Schulkonzept, die sogenannte „Schola Pansophica". Die bekanntesten pädagogischen Schriften von Johann Amos Comenius, deren thematische Grundlegungen bis heute für die Kindheitspädagogik von Bedeutung sind:

„Informatorium der Muttschul" (1633),
„Große Didaktik" (1657),
„Orbis sensualium pictus" (Die sichtbare Welt in Bildern) (1658) (erstes illustriertes Bilderbuch und Enzyklopädie).

Johann Amos Comenius hat in diesen Werken systematisch erste theoretische Bestimmungen zur Elementarpädagogik verfasst und begründete seine pädagogisch-didaktischen sowie methodischen Überlegungen zur Bildung und Erziehung von Kindern mit der kindlichen Eigenaktivität, Kreativität und Entdeckungsfreude. Er ging davon aus, dass die Lebensphase der Kindheit und des Kindseins als Vorbereitung auf das spätere Leben als Erwachsene dient. Seine Ideen für ein abgestuftes System von Schule umfasste vier Schulen des Lebens (Mutterschule, die Grund- und Muttersprachschule, Lateinschule, die Universität), die er in seiner Schrift „Didactica Magna" (große Unterrichtslehre) ausführlich darlegte. Jede Schulphase sollte sechs Jahre dauern.

In seiner Schrift „Pampaedia" (Allerziehung) beschrieb Johann Amos Comenius seine pädagogischen Vorstellungen einer allumfassenden Grundbildung. Mit Abstufungen nach Altersphasen passte er seine Vorstellungen zur Bildung und Erziehung an die unterschiedlichen Entwicklungsphasen von Kindern an (Comenius 1633/1958, 15):

- Die Schule des vorgeburtlichen Werdens (Geniturae).
- Die Schule der frühen Kindheit (Infantiae) (die Familie).
- Die Schule der Kindheit (Vermittlung der Muttersprache und Grundbildung für alle Kinder).
- Die Schule der Reifezeit (Adolescentiae, enzyklopädische Bildung).
- Die Schule der Jugendzeit (Juventutis) (bspw. die Lateinschule, teilweise als Vorbereitung für die universitäre Bildung).
- Die Schule des Erwachsenenalters (Virilitatis, bspw. die Hohe Landesschule (Universität)).
- Die Schule des Lebensalters (Senii).
- Die Schule des Todes (Mortis).

Für die Wissensvermittlung in der frühen Kindheit war es äußerst relevant, dass ein Austausch mit Erwachsenen und Gleichaltrigen erfolgte und dass dieser überwiegend spielerisch gestaltet wurde (ebd.). Zentrale Bildungsinhalte sollten die Vermittlung von Lese- und Schreibfähigkeiten, mathematischen Grundkenntnissen wie Zählen und Unterscheiden oder auch das Lernen von Versen und Liedern sein. Johann Amos Comenius hatte die Idee, dass alle Kinder gemeinsam erzogen und gebildet werden. Dies galt für Mädchen und Jungen wie auch für sozial und gesellschaftlich wenig privilegierte Kinder sowie für Kinder, die krank waren oder Einschränkungen hatten. Ausgehend von der Annahme, dass Kinder sich selbst bilden können, entwickelte Johann Amos Comenius Lernmaterialien wie bspw. Bilderbücher, mit denen sich die Kinder grundlegende physikalische, mathematische, literarische, religiöse, biologische und geografische Überlegungen aneignen konnten. Die drei wichtigsten pädagogischen Grundsätze von Johann Amos Comenius können wie folgt zusammengefasst werden:

- Omnes: Jeder Mensch soll sich Wissen aneignen können, unabhängig von Geschlecht, Stand (Herkunftsmilieu) und Abstammung (Familie).

- Omnia: Jeder Mensch soll sich umfassendes Wissen aneignen können, um eine Persönlichkeit auszubilden.
- Omnino: Jeder Mensch soll sich ganzheitliches Wissen unbeschwert und dauerhaft aneignen als zentrale Lebensgrundlage.

Grundlegend für seine Überlegungen war eine dreifache Ordnung der Lehre von Gott (Theologie), der Welt (Kosmologie) und vom Menschen (Anthropologie). In seinen Überlegungen zur dreifachen Bestimmung des Lebens ergänzen sich seine methodischen, didaktischen und inhaltlichen Ideengänge wechselseitig.

> *„Ein dreifaches Leben und dreierlei Aufenthaltsorte sind also jedem von uns vorbestimmt: Mutterleib, Erde und Himmel. Vom ersten zum zweiten gelangen wir durch die Geburt, vom zweiten zum dritten durch den Tod und die Auferstehung. Im dritten aber bleiben wir für alle Ewigkeit. An der ersten Stelle empfangen wir Leben und Anfänge von Bewegung und Empfindung; an der zweiten erhalten wir Leben, Bewegung, Empfindung und Anfänge von Erkenntnis; an der dritten die unbegrenzte Fülle von allem" (Comenius 1657/1958, 30–31).*

Johann Amos Comenius hat mit seinen Vorstellungen zur Lebensbestimmung drei Wissens- und Erkenntnisbereiche herausgearbeitet, die bis heute für kindheitspädagogische Wissensvermittlung zentral sind: die Natur, die Vernunft und die Heilige Schrift. Dabei wurden der kindlichen Bildsamkeit, der spielerischen Vermittlung von Wissen und Erkenntnis, den kindlichen Möglichkeiten zur selbsttätigen Aneignung von Welt sowie der Erziehung zur Vernunft und religiösen Lebensgestaltung bereits in der frühen Kindheit eine besondere Bedeutung zugeschrieben.

> Die spielerische Vermittlung von Wissen und Erkenntnis (Vernunft) in der frühen Kindheit sollte nach Johann Amos Comenius an die kindlichen Entwicklungsphasen und -möglichkeiten der selbsttätigen Aneignung von Welt angepasst werden.

Diese hier von Johann Amos Comenius geleistete Einordnung von Wissen machte es möglich, ein organisiertes Interesse am Kind zu entwickeln. Durch die Erfindung des Bilderbuches (Orbis Sensualium Pictus) war es möglich, Lern- und Bildungsprozesse didaktisch zu bearbeiten. Mit seinen Denkfiguren zur gewaltfreien Erziehung, zur Vermittlung von christlich-humanistischen Werten, zur Schulpflicht aller Kinder (ohne Differenzierungen nach Geschlecht, sozialer Lage oder Einschränkungen vorzunehmen), zur Strukturierung von Bildungsinhalten als auch zur Anschaulichkeit von Lernmaterialien hat er die Demarkationslinien der Wissens- und Theoriedebatten im 17. Jahrhundert weit überschritten. Das grundsätzliche Verständnis einer durch Erwachsene gesteuerten Wissensproduktion als Vorbereitung auf das spätere Leben zeigt, dass die Berücksichtigung der kindlichen Möglichkeiten zur Interaktion und ihre Perspektiven auf Erziehungs- und Bildungsprozesse als nicht notwendig für den intergenerationalen Wissensaustausch angesehen wurden.

Literatur zum Weiterlesen:

COMENIUS, Johann Amos (1633/1958): Pampaedia Allerziehung, Heidelberg.

COMENIUS, Johann Amos (1657/1958): Große Didaktik (hg. v. Andreas Flitner). 6. unveränd. Aufl., Stuttgart.

COMENIUS, Johann Amos (1633/1962): Informatorium der Mutterschul (hg. v. Joachim Heubach). Heidelberg.

COMENIUS, Johann Amos (1658/1978): Orbis Sensualium Pictus. Die sichtbare Welt (hg. v. Andreas Flitner). 6. unveränd. Aufl., Stuttgart.

2.2 „Über Erziehung“: Jean-Jacques Rousseau (1712–1778)

Jean-Jacques Rousseau war ein französischer Philosoph, Pädagoge, Naturforscher und Schriftsteller. Seine Mutter verstarb nach seiner Geburt und er wuchs bei seinem Vater, einem Uhrmacher, sowie seiner Schwester in Genf auf. Ab seinem zehnten Lebensjahr lebte er bei Verwandten. Er erhielt Unterricht von seinem Vater und vertiefte sich aber schon früh in ein Selbststudium. Bei dem Pfarrer Lambercier lebte er ab dem Alter von zehn Jahren und wurde von ihm in Bossey (Waadt) unterrichtet. Mit zwölf Jahren begann er eine Lehre bei dem Gerichtsschreiber Masseron, die er ein Jahr später beendete. Anschließend lernte er bei dem Graveur Abel Ducommun. Nach vier Jahren Lehrzeit folgten Jahre der Wanderung durch die Schweiz und Frankreich. Er arbeitete als Diener, Privatsekretär, Haus- und Musiklehrer. Immer wieder fanden sich Unterstützer*innen, die ihn darin beförderten, sich weiter selbst zu bilden, und die seine Projekte unterstützten, bspw. die Mäzenin Madame Louise de Warens oder Alexandre Le Riche de La Pouplinière, mit dessen Hilfe er die Erstaufführung seiner selbst gedichteten und vertonten Oper „Les Muses galantes“ realisieren konnte. Ab dem Jahr 1745 lebte er mit der Wäscherin Thérèse Levasseur zusammen. Im Jahr 1748 heirateten sie. Ihre fünf Kinder wuchsen in einem Findelhaus auf, da dem Ehepaar durch den unsteten Lebenswandel Jean-Jacques Rousseaus und den geringen Verdienstmöglichkeiten von Thérèse Levasseur als Wäscherin nur ein geringes Einkommen zur Verfügung stand. Deutlich wird an dieser kurzen Skizze relevanter biografischer Informationen, dass die konkreten Lebenslagen nur im Kontext der ständisch-hierarchischen Gesellschafts- und Familienbilder im 18. Jahrhundert betrachtet werden können, die noch nicht verwoben waren mit dem Entwurf einer liebevollen Elternschaft (und der tätigen Mutterliebe). Das Konzept von Ehe und Familie als sittlicher Institution war für die arbeitenden Mütter und Väter eher utopisch, da aufgrund ihrer Einbindung in die landwirtschaftlichen oder auch sich immer weiter ausbreitenden industriellen Produktionsprozesse weder Zeit noch Raum für eine intensive Beschäftigung mit den Kindern blieb.

Wegweisend für die Entwicklung theoretischer Begründungskonzepte pädagogischen Denkens und Handelns in der frühen Kindheit waren die Ausführungen von Jean-Jacques Rousseau in seinen Romanen

> „Emile oder Über die Erziehung (Émile de ou du l'éducation)" (1762/2010),
> „Julie oder Die neue Heloise (Julie ou la Nouvelle Héloïse)" (1761/2003).

Diese fiktiven Niederschriften der „Betrachtung und Beobachtung" von Hervorbringungsprozessen und der Ausgestaltung von Bildung und Erziehung in der Kindheit sind die mit am häufigsten gelesenen Abhandlungen der Weltliteratur und daher sehr bedeutsam, wenn die zentralen Aspekte der Wirkungsgeschichte der Kindheitspädagogik in den Blick genommen werden (ebd.). Jean-Jacques Rousseau gibt in „Emile oder Über die Erziehung" (ebd.) die imaginäre Geschichte des Knaben Emile wieder, der nach dem frühen Tod seines Vaters bei einem Lehrmeister auf dem Land aufwächst, fernab von gesellschaftlichen Zwängen. Mit seinen niedergeschriebenen Beobachtungen und der Betrachtung von möglichen idealen Bildungs- und Erziehungsprozessen beschreibt Jean-Jacques Rousseau Kindheit als eine schützenswerte Lebensphase und als natürliches Prinzip (ebd., 14).

> *„Diese Erziehung geht von der Natur oder von den Menschen oder von den Dingen aus. Die innere Entwicklung unserer Fähigkeiten und unserer Organe ist die Erziehung der Natur; die Anwendung, welche man uns von diesen entwickelten Fähigkeiten und Organen machen lehrt, ist die Erziehung der Menschen, und in dem Gewinn eigener Erfahrungen in Bezug auf die Gegenstände, welche auf uns einwirken, besteht die Erziehung der Dinge" (Rousseau 1762/2010, 15).*

Kindheit sollte durch die Fokussierung auf essenzielle Naturerfahrungen neu begründet werden. Kindern wurden quasi Naturbedürfnisse zugeschrieben und mit positiven Assoziationen verbunden. Der Begriff Natur wirkt dabei bis in die aktuellen Debatten der Kindheitspädagogik hinein, als eine sogenannte „Zauberformel", die mit symbolischen Bedeutungen und Zuschreibungen der Relevanz von Naturerfahrungen für die Bewältigung von Entwicklungsaufgaben verknüpft wird. Ziel der Ausführungen von Jean-Jacques Rousseau war es, für die Erziehenden eine Erziehungsprogrammatik zu entwickeln. Dabei fokussierte er sich insbesondere auf die mütterlichen Möglichkeiten, Erziehungsprozesse zu gestalten. Mütter, als sogenannte *gute Mütter*, sollten mit den von ihm vorgegebenen praktischen Hilfestellungen die optimale Erziehung ihrer Kinder einleiten und sicherstellen können. Leitmotivisch begleiteten seine Überlegungen die Frage, wie Erziehung kindliches Lernen befördern kann. Er ging davon aus, dass Kinder von „Natur" aus lernbereit und -willig sind.

Grundsätzlich basiert nach Jean-Jacques Rousseau die Entwicklung des Kindes auf Prämissen, die in einem zweistufigen Reifungsprozess bestimmt werden. Die präsoziale, sinnliche Phase der Kindheit und die soziale und moralische Jugendphase, die Adoleszenz, gliederten den Erziehungsprozess:

- Die Kindheit (Alter der Natur, Geburt bis zum dritten Lebensjahr).
- Das Knabenalter (Alter der Stärke, bis zum zwölften Lebensjahr).
- Die Vorpubertät (Alter der Vernunft, zwölftes bis fünfzehntes Lebensjahr).
- Die Pubertät (das Jünglingsalter, Alter der Einsicht) (adolescence).

Jean-Jacques Rousseau ging davon aus, dass Kinder im Rahmen der „natürlichen Erziehung" ihre eigenen Formen des Sehens, Denkens, Handelns und Empfindens entwickeln (ebd.). Mit seinem Konzept des *„Sentiments"* (Empfindungen, Gefühle) wird die Verschränkung der natürlichen wie spontanen Welt- und Selbsterfahrungen, die auf individueller Aktivität und Selbstbezug beruht, in Erziehungs- und Bildungsprozessen charakterisiert (ebd.).

Die Antinomie (Widerspruch) von Natur und Kultur ist zentraler Bezugsrahmen der Erziehungsvorstellungen von Jean Jacques Rousseau. Dabei ging es nicht um die Bestimmung von Erziehungsrealitäten, sondern um die ideologische Begründung der reinen guten Natur. Durch die Gegenüberstellung von Kultur (sozial und künstlich erzeugt) und Natur (als nicht vom Menschen geschaffen) konnte die doppelte Funktion von Erziehung und Bildung leitmotivisch begründet werden als Ausgangsbedingung, Entwicklung und (vollendete) Zukunft.

Mit der Betonung der kindlichen Natürlichkeit in Verbindung mit kindlicher Unschuld und Einfalt, der sogenannten „Gutheit" des Kindes, idealisierte und überhöhte er die Phase der Kindheit. Dabei verknüpfte Jean-Jacques Rousseau „Gutheit" mit Wahrhaftigkeit. Jegliche Lüge und Falschheit entstehe erst durch soziale, kulturelle und gesellschaftliche Beeinflussung, vorher ist sie den Kindern fremd. Kindheit und kindliche Lernprozesse sollten demzufolge isoliert und separiert stattfinden, zum einen, um Gefährdungen durch die potenziell negativen gesellschaftlichen und kulturellen Einflüsse auszuschließen, und zum anderen, um die Kinder in ihrer Entwicklung und bei ihren Lernprozessen unterstützen respektive kontrollieren zu können (ebd., 14). Jean-Jacques Rousseau nutzte seine Beschreibung vom „unschuldigen" Kind als Ausgangspunkt für gesellschaftskritische Äußerungen. Das Kind hatte in seinen Vorstellungen ein Recht auf Kindheit, und zwar auf eine natürliche und selbstbestimmte Kindheit. Eine Funktionalisierung von Kindheit durch die Familie und die Erzieher im Hinblick auf den späteren Nutzen des Kindes als gesellschaftlicher Ordnungs- und Leistungsträger lehnte er ab. Jean-Jacques Rousseau wendete sich gegen die traditionelle Erziehung des 18. Jahrhunderts, er sprach sich gegen die sogenannte „Verfrühung" aus:

> *„Darf ich nun die wichtigste und nützlichste Regel jeder Erziehung aufstellen? Sie heisst nicht: Zeit gewinnen, sondern Zeit verlieren“ (ebd., S. 72).*

Erziehung sollte gegenwärtig sein, am Hier und Jetzt orientiert, um zu ermöglichen, dass Kinder der sinnhaften Welt verhaftet blieben, sich auf sich selbst konzentrierten und sich selbst genügten. Erziehung wird somit durch Jean-Jacques Rousseau nicht nur als ein Begriff gefasst, der kognitive Entwicklungsprozesse beschreibt, sondern mit ihm werden auch moralische, religiöse und emotional-affektive Momente als zentrale Aspekte kindlichen Lernens benannt. Somit können sieben pädagogische Spannungsfelder in den theoretischen Begründungskonzepten pädagogischen Denkens und Handelns in der frühen Kindheit nach Jean-Jacques Rousseau benannt werden:

- Der Eigenwert der Kindheit.
- Die Erforschung von Kindheit und Kindsein.
- Die negative Erziehung (Abschirmung der Kinder vor negativen Einflüssen).
- Das Erfahrungslernen.
- Die altersgemäße Erziehung.
- Die Erziehung zum Bürger.
- Die Vermittlung der Naturhaftigkeit von Religion.

Die hier aufgezeigten zentralen Überlegungen Jean-Jacques Rousseaus für die Gestaltung von kindlichen Erziehung- und Lernprozessen sind von Ambivalenzen gekennzeichnet. So stehen Forderungen nach Separation und Gegenwärtigkeit, nach Selbstgenügsamkeit und Freiheit Forderungen nach Autonomie, Schutz und Kontrolle entgegen. Gleichzeitig weisen seine Überlegungen auf eine besondere Verwobenheit von Kindheit und Geschlecht hin, da nicht nur die kindlichen, sondern auch die geschlechtlichen Spielräume durch gesellschaftliche bzw. familiale Normierungen des 18. Jahrhunderts deutlich eingeschränkt waren (ebd. 1761/2003). Diese sehr männliche Kodierung erziehungswissenschaftlicher Praxis durch Jean-Jacques Rousseau lässt erkennen, dass seine Figur der Gleichheit aller weder für Kinder noch für Frauen (und die Dienerschaft) galt (vgl. Fischer/Gramelt 2020). Gleiches gilt für seine Idee einer autonomen Kindheit, die konträr zu seinen Vorstellungen des Lernens der Ordnung der Dinge (also der Ordnung der Gesellschaft) stand.

Literatur zum Weiterlesen:

ROUSSEAU, Jean-Jacques (1761/2003): Julie oder Die neue Heloise (Julie ou la Nouvelle Héloïse), Briefe zweier Liebenden aus einer kleinen Stadt am Fuße der Alpen. München.

ROUSSEAU, Jean-Jacques (1762/2010): Emile oder Über die Erziehung (Émile ou De l'éducation). Köln.

TREMP, Peter (2000): Rousseaus Émilie als Experiment der Natur und Wunder der Erziehung. Opladen.

2.3 Wissen für Mütter und Kinderlehrer*innen (die es sind oder werden wollen): Christian Heinrich Wolke (1741 – 1825)

Christian Heinrich Wolke oder Christian Hinrich Wolke war einer der ersten deutschen Reformpädagogen. Er wirkte als Lehrer, Erzieher, Sprachforscher und Schriftsteller. Im Jahr 1741 wurde er in Jever geboren, er studierte (Jura, Mathematik und Philosophie und später auch Physik) in Göttingen und Leipzig. Im Kloster Gerode (Eichsfeld) unterrichtete er Mathematik und später lehrte er im Kloster Walkenried. Erste unterrichtliche Versuche zur Bildung von Kindern konnte er in der Bildungsanstalt *Philanthropinum* in Dessau (Schule der Menschenfreundschaft) realisieren. Dort wurden meist adlige oder bürgerliche „Zöglinge" aus ganz Europa unterrichtet. Seine langjährige Mitarbeit an Johann Bernhard Basedows Elementarwerk und seine Tätigkeit als Erzieher der Basedowschen Kinder beförderten sein nachhaltiges Interesse an der Entwicklung und Umsetzung von nachhaltig wirksamen Lern- und Bildungsangeboten. Er war Mitglied der Freimaurer (in Logen gegliederter Männerbund) und gab eine Sammlung von Freimaurerliedern heraus. Im

Jahr 1733 gründete er eine kleine Lehr- und Erziehungsanstalt in Dessau. Dort wurde er drei Jahre später zum Professor ernannt und heiratete. Neben seiner umfangreichen Reise- und Lehrtätigkeit, u.a. nach Sankt Petersburg (Russland), weitete er seine pädagogischen Überlegungen durch Sprachforschung aus, u.a. durch die Beschäftigung mit der Pasigrafie und Telephrasie (Telegrafie), „Taubstummenpflege“ („Gehör-Gebe-Kunst“[1], Bienenzucht u.a.m.). Für die Kindheitspädagogik sind bis heute folgende Werke von Christian Heinrich Wolkes pädagogischen Schriften überaus relevant:

> „Das Buch zum Lesen und Denken“ (1785),
> „Kurze Erziehungslehre oder Anweisung zur körperlichen, verständlichen und sittlichen Erziehung: anwendbar für Mütter und Lehrer in den ersten Jahren“ (1805)

Christian Heinrich Wolkes Überlegungen zur Lernfähigkeit kleiner Kinder sowie zur Erziehungstätigkeit von Müttern und Kinderlehrer*innen waren sehr fortschrittlich. Er entwickelte eine Methodik des Rechnens sowie ein philanthropisches Denklehrzimmer für fünf- bis sechsjährige Kinder, welches heute noch im Rochow-Museum im Schloss Reckahn zu besichtigen ist. Ausgestattet mit kindgerechten Werkzeugen, mathematischem und naturwissenschaftlichem Selbstanschauungsmaterial, geometrischen Figuren und anderen didaktischen Materialien wie Schubladen und Gucklöchern sollten Kindern Möglichkeiten und Anregungen zum Selbstentdecken und zur Selbsttätigkeit eröffnet werden. Kinder wurden eingeteilt in Alters- und Entwicklungsstufen. Kleine Kinder erhielten die Bezeichnung „Bewahrlinge“, ihre Betreuungspersonen wurden als „Bewahrerin“ oder auch „Wärterin“ betitelt. Zu Beginn des sechsten Lebensjahres erhielten die Kinder den Namen „Lernling“ und die Lehrenden wurden als „Belehrperson“ bezeichnet. Im Mittelpunkt der Überlegungen von Christian Heinrich Wolke stand die Ent-

1 Vgl. Wolkes Ausführungen zum Gehör-Gebe-Kunst (1802, 104).

wicklung von pädagogischen Ideen, Konzepten und Vorgehensweisen, die es ermöglichen sollten, frühkindliche Lern- und Bildungsprozesse anzuregen. Die Bewahrer*innen und Belehrpersonen hatten die zentrale Aufgabe, Lern- und Bildungsangebote so zu gestalten, dass Kinder stetig angeregt wurden, ihr Wissen, ihre Erfahrungen und Fähigkeiten zu erweitern.

> Christian Heinrich Wolke entwickelte didaktische Materialien, um die Lernfähigkeit kleiner Kinder und die Erziehungstätigkeit von Müttern und Kinderlehrer*innen zu befördern.

Die beiden sehr umfangreichen Schriften von Christian Heinrich Wolke zur Pädagogik der frühen Kindheit aus den Jahren 1785 und 1805 zeigen zum einen seine Überzeugung von der Bildungsfähigkeit kleiner Kinder und zum anderen seine leitmotivischen Erziehungsvorstellungen. Neben der Vermittlung von Kenntnissen über Rechtschreibung und Lesen sollten durch die Entwicklung von spezieller Kinder- und Jugendliteratur altersspezifische Möglichkeiten der Förderung von Lesefähigkeit wie auch einer aktiven und kreativen Auseinandersetzung mit Lerninhalten (Sprech-, Schreibanlässe, eigene Textproduktion) geschaffen werden. Christian Heinrich Wolke hat 16 philanthropische Lehr- und Lesebücher geschrieben mit dem Ziel, die pädagogische Unterhaltung für Eltern und Kinderfreunde zu ermöglichen und zu befördern. Seine überaus fortschrittlichen Überlegungen zeigen sich u.a. durch seine Visualisierungen in seinem Buch zum Lesen und Denken, welches Bildmaterial und die Beschreibungen von 160 kleinen Bildern enthält und bspw. auch geschlechtliche Aufklärung thematisierte, ganz im Sinne der Anschaulichkeit, Wirklichkeitsnähe, Anwendung und Vertiefung von Bildungsinhalten.

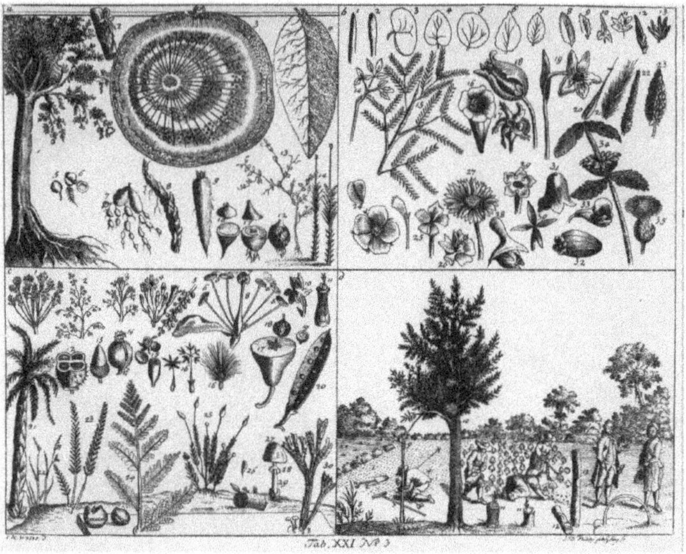

Abbildung 1: Elementar-Kupfertafel von Christian Heinrich Wolke (aus: Wikipedia).

Mit diesem Bildmaterial sollten im Sinne einer anschauenden Erkenntnis, die Christian Heinrich Wolke als „Versinnlichungsmethode" (Visualisierung) bezeichnete, gesellschaftliche, theoretische und moralische Fragen mit den Kindern erörtert werden. Die veränderten Gelegenheiten und Möglichkeiten für Kinder zum Selbstdenken, zur Aus- und Erarbeitung von eigenen Regeln für ihre je individuellen Lernprozesse und ihr Lerntempo sollten dazu beitragen, die von Erwachsenen vorgegebenen Wissensinhalte zu verändern und umzugestalten. Christian Heinrich Wolke wollte mit seinen pädagogischen Grundüberlegungen das gesamte Wirkungsfeld der Vermittlung von Erziehungs- und Bildungsinhalten nachhaltig umformen. Er entwickelte einen Plan für eine Bewahr- und Vorbereitungsanstalt. In dieser Institution sollten nicht nur arme, verwahrloste und vernachlässigte Kindern geschützt, gepflegt und betreut werden, sondern es sollte auch eine Bildungseinrichtung für alle

Kinder geschaffen werden, die es ermöglichte, die gegebenen ungleichen gesellschaftlichen Bedingungen und Bedingtheiten zu verbessern. Seine Ideen zum nützlichen Handeln, zur literarischen Gelehrsamkeit waren eng verkoppelt mit Verhaltensmodellierungen im Kontext einer sittlichen Bildung. Somit wurden wichtige Weichen für anthropologische (naturgemäße) und moralisch begründete Erziehungs- und Bildungsvorstellungen gelegt, die sich jedoch stets an den Vorgaben konfessioneller Zugehörigkeit und bestehender sozialer Hierarchien orientierten. Den gesellschaftlichen Entsprechungsverhältnissen klassischer Gruppen- und Integrationsformen (wie bspw. durch privilegierte oder weniger privilegierte familiale und soziale Zugehörigkeiten) konnten neue Lebensentwürfe oder Lebensführungsmuster nur schwer entgegengesetzt werden.

Literatur zum Weiterlesen:

WOLKE, Christian Hinrich (1785): Das Buch zum Lesen und Denken. Petersburg.

WOLKE, Christian Hinrich (1805): Kurze Erziehungslehre oder Anweisung zur körperlichen, verständlichen und sittlichen Erziehung: anwendbar für Mütter und Lehrer in den ersten Jahren. Leipzig.

2.4 Elementarbildung: Johann Heinrich Pestalozzi (1746–1827)

Der Schweizer Pädagoge Johann Heinrich Pestalozzi wuchs in einer sehr gebildeten bürgerlichen Familie in Zürich auf. Dort besuchte er in den Jahren 1751 bis 1765 die Elementar- und Lateinschule. In Zürich studierte er Theologie und Jura. Jedoch brach er sein Studium ab und absolvierte eine landwirtschaftliche Lehre. Anschließend war er als landwirtschaftlicher Unternehmer tätig (1769). Im gleichen Jahr heiratete er Anna Schulthess und gründete eine Familie. Er verwandelte das Landgut Neuenhof in den Jahren 1773 bis 1774 in eine Erziehungsanstalt für arme Kinder. Dort nahm er ca. 40 Kinder auf, welche im Sinne seiner zeitgenössischen Idee der Wohnstubenerziehung erzogen wurden. Dieser erste Versuch Johann Heinrich Pestalozzis, eine Erziehungsanstalt zu begründen, scheiterte. Im Jahr 1779 musste das Landgut Neuenhof wegen Überschuldung geschlossen werden. Anschließend gründete Johann Heinrich Pestalozzi das Waisen- und Armenhaus in Stans (1799), um seine Idee der Volkserziehung zu verwirklichen. Ab dem Jahre 1800 entwickelte er seine pädagogischen Überlegungen und Denkfiguren in Schloss Burgdorf weiter, in einem Lehrerseminar, welches mit einer Erziehungsanstalt verbunden war. Auch dieser Versuch der Institutionalisierung erster reformpädagogischer Bestrebungen musste aufgegeben werden. Zwar verlegte er seine Erziehungsanstalt im Jahr 1804 nach Yverdon-les-Bains, jedoch wurde dieses Institut ebenfalls aufgrund von ökonomischen Schwierigkeiten und Auseinandersetzungen mit den Mitarbeiter*innen im Jahr 1825 geschlossen.

Als die wichtigsten Schriften von Johann Heinrich Pestalozzi werden folgende angesehen:

> „Meine Nachforschungen über den Gang der Natur in der Entwicklung des Menschengeschlechts“ (1767),
> „Wohnstubengesellschaft und -erziehung“ (1780),
> „Lienhard und Gertrud“ (vier Romane in Bänden, 1781–1787),
> „Mutter und Kind“ (1800/1924) (eine Abhandlung in Briefen über die Erziehung kleiner Kinder).
> „Über Elementarbildung“ (1809) (Lenzburger Rede),
> „Wie Gertrud ihre Kinder lehrt“ (1801),
> „Pestalozzis Schwanengesang“ (1826) (zusammenfassend seine Ideen zur Elementarbildung).

Seine Veröffentlichungen machten Johann Heinrich Pestalozzi in ganz Europa berühmt. Von ihnen gingen wichtige pädagogische Impulse für die Entwicklung der Kindheitspädagogik aus. Sie werden als Vorläufer der Anschauungspädagogik bezeichnet, aus der sich im 19. Jahrhundert die Reformpädagogik entwickelte. Zentral in seinen Überlegungen war die Vorstellung einer naturgemäßen, ganzheitlichen Erziehung und Bildung, um Menschen zu sittlichen, gebildeten und demokratischen Bürgern zu formen. Er lehnte sich stark an die Überlegungen von Jean-Jacques Rousseau an. Diese für ihn leitmotivischen Erziehungsvorstellungen wandte er selbst in der häuslichen Unterweisung seines Sohnes an. Jedoch mit nur geringem Erfolg.

Zentral war für Johann Heinrich Pestalozzi die Elementarbildung der Kinder, die schon in der Familie beginnen sollte, als primäre Bindung (die sogenannte Bindungspädagogik). In seinem Buch „Wie Gertrud ihre Kinder lehrt" (1801) legte er die Grundzüge seines pädagogischen Denkens systematisch dar. Dabei wurde der mütterlichen Fürsorge sowie der Mutter-Kind-Beziehung eine besondere Bedeutung zugeschrieben, um die gesunde Entwicklung des Kindes zu gewährleisten. Die Mutter hatte die Aufgabe, auf die natürlichen Bedürfnisse des Kindes stets einzugehen und im Sinne einer ruhigen, warmherzigen und offenen Atmosphäre der liebenden Geborgenheit und emotionalen Nähe ihr Kind oder ihre Kinder zu erziehen und zu bilden, die sogenannte Wohnstubenerziehung. Das Wesen des Kindes sollte erkannt werden und Kinder sollten bei ihren je individuellen Entwicklungsschritten unterstützt werden, um dadurch Erziehungs- und Bildungsprozesse einleiten zu können (Fischer 2020).

> *„Das Wesen der Menschlichkeit entfaltet sich nur in der Ruhe. Ohne sie verliert die Liebe alle Kraft ihrer Wahrheit und ihres Segens. Die Unruhe ist in ihrem Wesen das Kind sinnlicher Leiden oder sinnlicher Gelüste; sie ist entweder das Kind der bösen Not oder der noch böseren Selbstsucht; in allen Fällen aber ist sie die Mutter der Lieblosigkeit, des Unglaubens und aller Folgen, die ihrer Natur nach aus Lieblosigkeit und Unglauben entspringen" (Pestalozzi 1826, 11).*

Kinder sollten vor den schlechten Einflüssen der Gesellschaft geschützt werden. Der Erziehungsprozess war darauf ausgerichtet, die Kinder zu befördern, sich auf ihr „Selbst" zu konzentrieren, also ihre jeweils individuellen Bedürfnisse und Wünsche zu beachten. Johann Heinrich Pestalozzi schrieb den Kindern die Fähigkeit zum

Guten zu. Er konnte mit seinen Überlegungen erste Ansätze einer Elementarmethode entwickeln, die darauf ausgerichtet waren, Wissen und Können auf unterschiedlichen Ebenen (Geist, Herz und Hand) herauszubilden (Pestalozzi 1826, 329). Seine zentralen Überlegungen lassen sich wie folgt systematisieren:

Naturgemäße Erziehung: Jedem Kind sind natürliche Kräfte und Anlagen mitgegeben, welche die Grundlage für die spätere Lebensgestaltung sind. Neben den Geisteskräften (Entwicklung der intellektuellen Möglichkeiten wie bspw. Lernbereitschaft und -willen, Anregungen zur Sinneswahrnehmung, formale Bildung), „Herzenskräften" (soziale Fähigkeiten wie bspw. Hilfsbereitschaft, Empathie, Humor, Freude, sittliche Entwicklung) gilt es auch, das handwerkliche Vermögen (Körperkraft, Geschicklichkeit, Kunstfertigkeiten, praktisches Wissen, materiale Bildung) zu entfalten. Aufgabe der Erzieher*innen sollte es sein, die unterschiedlichen Gesetzmäßigkeiten der praktischen Pädagogik von Geist, Kopf und Hand zu kennen und zu befördern (ebd., 7).

> *„Das Auge will sehen, das Ohr will hören, der Fuss will gehen und die Hand will greifen. Aber ebenso will das Herz glauben und lieben. Der Geist will denken. Es liegt in jeder Anlage der Menschennatur ein Trieb, sich aus dem Zustande ihrer Unbelebtheit und Ungewandtheit zur ausgebildeten Kraft zu erheben, die unausgebildet nur als ein Keim der Kraft und nicht als die Kraft selbst in uns liegt" (ebd.).*

Nur durch Liebe und ungeteilte Aufmerksamkeit kann diese Idee des ganzheitlichen Lernens mit allen Sinnen von Geist, Herz und Hand umgesetzt werden (ebd., 224). Wenn die Erziehenden nicht Bezug nehmen auf diese Grundlagen des Lernens, also weder den Geist noch das Herz und die Hand miteinander vernetzen, werden Kinder nicht zu eigenen Denkleistungen angeregt (ebd., 224; 329).

Unteilbare Einheit von Mensch und Natur: Johann Heinrich Pestalozzi ging von der unteilbaren Einheit von Natur und Mensch aus als zentrale Grundlage der Elementarbildung:

> *„Ihre Überzeugung von den Ansprüchen der Einheit der Menschennatur an den ganzen Umfang der Entfaltungs- und Bildungsmittel aller unserer Kräfte und Anlagen macht der Idee der Elementarbildung die höchste Sorgfalt für die innige Vereinigung der sittlichen und geistigen Bildungsmittel unseres Geschlechts zur höchsten Pflicht" (ebd., 166).*

Bezug des pädagogischen Handelns zum wirklichen Leben: Erziehung ist immer individuell, daher sollte jedes Kind in seiner Individualität wahrgenommen und die kindlichen Bedürfnisse sollten stets berücksichtigt werden.

> *„Alle Kunst der Erziehung muss bei jedem einzelnen Kind als im Dienst seines wirklichen Lebens stehend, angesehen werden" (ebd., 53).*

Johann Heinrich Pestalozzi ging davon aus, dass kindliches Lernen nur mit einem starken Lebens- bzw. Alltagsbezug wirkungsvoll ist. In Lernprozessen sollte folglich eine Verbindung zwischen Lerngegenstand und der Wirklichkeit herzustellen sein. Lernen wurde als interaktiver Prozess konzipiert und er ging davon aus, dass Lernen das Ergebnis von Erfahrungen ist. Kinder sollen sich und Dinge ausprobieren können, auch damit sie scheitern und ihr Tun, Denken und Handeln korrigieren oder neu beginnen können.

Äußere und innere Anschauung: Johann Heinrich Pestalozzi war der Überzeugung, dass die Anschauung der elementaren Ordnung der äußeren Welt sowie die innere Anschauung, die individuellen Verstehens- und Erkenntnisprozesse, eine lückenlose Übernahme der äußeren Ordnung möglich macht. Bildung und Erziehung sind miteinander verbunden, gleichzeitig ist aber der Zeitpunkt des Lernens nicht der Zeitpunkt des Urteilens.

> *„So wie die sinnliche und äußere Anschauung im Kinde in die innere und geistige übergeht, so muss nach und nach alles verschwinden, was vorzüglich geschidt und geeignet ist, der Sinnenthätigkeit zu dienen und hinwieder muss vorzüglich dem Einfluss eingeräumt werden, was die Geistesthätigkeit zu befördern geschidt ist" (ebd., 9).*

Zusammenfassend kann festgehalten werden, dass Johann Heinrich Pestalozzi die kindliche Entwicklung als naturgegeben und offensichtlich sehr unilinear gedacht hat und somit die Unilinearität als Norm gesetzt wurde, die sich teilweise noch heute in den Bildungsplänen der Elementarpädagogik widerspiegelt.

> Johann Heinrich Pestalozzi entwickelte erste Ansätze einer Elementarmethode, die darauf ausgerichtet war, Wissen und Können auf unterschiedlichen Ebenen (Geist, Herz und Hand) zu vermitteln.

Er folgte somit den Überlegungen von Jean-Jacques Rousseau und betonte die große Bedeutung einer natürlichen kindlichen Entwicklung als Gestaltungs- und Bewegungsförderung in einer natürlichen Umgebung. Durch die Betonung der mütterlichen Zuständigkeit für die kindlichen Erziehungs- und Lernprozesse konstituierte er eine bis heute wirksame generationale wie auch geschlechterdifferente Ordnung in der Elementarbildung. Die Erwachsenen (insbesondere die Mütter oder Erzieherinnen) haben die Aufgabe, Kinder liebevoll zur Sittlichkeit und zum praktischen Handeln zu erziehen. Mit seinen Überlegungen zur Vermittlung von Bildung und Erziehung – als Bewusstseins- und Herzensbildung (Gefühls- und Willenswelt) – durch die Erwachsenen im Kontext der Methoden von Anschauung, Aneignung und Übernahme wurden kindliche Bedürfnisse definiert und mit gesellschaftlichen Ordnungsinteressen verbunden. Seine Überlegungen zur Individualpädagogik konnten jedoch nicht ohne Weiteres auf Gruppen übertragen werden, wie bspw. bei der Organisation von Schulgemeinden. Und leider zeigen auch die vielfältigen Reformbestrebungen von Johann Heinrich Pestalozzi, wie bspw. die Institutionalisierung von Bildungseinrichtungen, dass sich ein paralleles Bildungsinteresse von Familie und Staat noch nicht durchsetzen konnte. Seine Ideen über Bildung verstärkten das Interesse an pädagogischer Selbstaufklärung über mögliche natürliche Entwicklungspotenziale von Kindern.

Literatur zum Weiterlesen:

PESTALOZZI, Johann Heinrich (1767): Meine Nachforschungen über den Gang der Natur in der Entwicklung des Menschengeschlechts. Geßner, Zürich.

PESTALOZZI, Johann Heinrich/Richter, Karl (1780/1885): Die Abendstunde eines Einsiedlers. Leipzig.

PESTALOZZI, Johann Heinrich (1799/1998): Brief an einen Freund über seinen Aufenthalt in Stans. In: Dietrich, Theo (Hg.): Kleine Schriften zur Volkserziehung und Menschenbildung. Bad Heilbrunn, S. 18–38.

PESTALOZZI, Johann Heinrich (1800/1924): Mutter und Kind (1800/1924), eine Abhandlung in Briefen über die Erziehung kleiner Kinder. Zürich und Leipzig.

PESTALOZZI, Johann Heinrich (1801/2006): Wie Gertrud ihre Kinder lehrt. WFB Verlagsgruppe.

PESTALOZZI, Johann Heinrich (1804): Lienhard und Gertrud. Ein Buch für das Volk. Zürich.

PESTALOZZI, Johann Heinrich (1809/1967): Lenzburger Rede. Schriften zur körperlichen Erziehung, Schwanengesang. Zürich.

PESTALOZZI, Johann Heinrich (1826): Pestalozzis Schwanengesang. Stuttgart und Tübingen.

2.5 Menschenerziehung und Familienerziehung: Friedrich Fröbel (1782–1852)

Friedrich Fröbel war ein deutscher Pädagoge und gilt als Begründer des Kindergartens. Im Jahr 1782 wurde er in Oberweißbach geboren als sechstes Kind einer Pfarrersfamilie. Nach dem frühen Tod der Mutter wuchs er bei Verwandten in Stadtilm (bei Erfurt) auf und besuchte dort die Volksschule. Anschließend absolvierte er eine Landwirtschafts- und Försterlehre. Ab 1799 studierte er in Jena Naturwissenschaften. Nach unterschiedlichen beruflichen Tätigkeiten wie bspw. seit 1802 als Forstgehilfe, Vermessungsbeamter und Privatsekretär oder an einer Pestalozzi-Musterschule in Frankfurt am Main als Erzieher (1805) und Hauslehrer nahm er ein weiteres Studium auf. Er studierte von 1810 bis 1812 in Göttingen und Berlin Natur-, Sprach- und Geisteswissenschaften. Nach seinem Dienst im Freikorps wurde er Assistent am Institut und Museum für Mineralogie in Berlin. Er heiratete 1818 Wilhelmine Hofmeister, die Ehe blieb kinderlos, seine Frau starb 1839, und er heiratete 1851 Louise Levin. In diesem Jahr wurde das Kindergartenverbot in Preußen erlassen. Friedrich Fröbel war Herausgeber von mehreren Zeitschriften wie bspw. das „Wochenblatt für Selbstbildung und die Bildung anderer“ (1826), die Zeitschrift „Grundzüge der Menschenerziehung“, „Die erziehende Familie“, „Ein Sonntagsblatt für Gleichgesinnte“ (1840). Er publizierte vielfältige Schriften zur Elementarbildung und verfasste mehr als 100 Lieder zum Spielen mit dem Ball. Friedrich Fröbel war ein sehr aktiver Vortragsredner und konnte durch seine Vortragstätigkeiten, Publikationen und große Schüler*innenschaft seine Ideen zum Kindergarten sowie zur Ausbildung von Kindergärtnerinnen nicht nur in Europa, sondern auch international weit verbreiten. Er gründete mehrere Erziehungs- und Ausbildungsanstalten und daneben besuchte er zum Beispiel auch Johann Heinrich Pestalozzis Erziehungsanstalt im Schloss Yverdon im ostschweizerischen Kanton Waadt.

- 1816 gründete Friedrich Fröbel in Griesheim die Allgemeine Deutsche Erziehungsanstalt, Allgemeine Deutsche Erziehungsanstalt, welche als Vorläufer der Landerziehungsheime gilt.

- 1817 Verlegung der Erziehungsanstalt nach Keilhau, Gründung einer Schule (Ortsteil von Rudolstadt in Thüringen).
- 1831 Gründung einer Erziehungsanstalt im Schloss Wartensee in Neuenkirch, Schweiz, Kanton Luzern.
- 1833 Verlegung der Erziehungsanstalt nach Willisau, Schweiz, Kanton Luzern.
- 1835/36 Leitung des Waisenhauses in Burgdorf und Lehrerfortbildungskurse, Schweiz, Kanton Bern.
- 1837 Gründung der Pflege-, Spiel- und Beschäftigungsanstalt für Kleinkinder in Blankenburg, Herstellung und Versand von Spielmaterialien in der „Anstalt zur Pflege des Beschäftigungstriebes für Kindheit und Jugend", „Versand- und Produktionsbetrieb für Spielmaterialien mit ausführlichen Beschreibungen und Anleitungen für Spiel- und Beschäftigungskästen".
- 1838 entstand der Plan Friedrich Fröbels die „Bildungsanstalt für Kinderführer*innen" und die „Anstalt zur Pflege des Beschäftigungstriebes der Kindheit und Jugend" zu verbinden. Die didaktischen und methodischen Ideengänge wurden weiterverfolgt.
- 1840 Gründung des Allgemeinen deutschen Kindergartens in Blankenburg.
- 1842 Kindergärtnerinnenkurse in Blankenburg, „Anstalt für allseitige Lebenseignung durch entwickelnd-erziehende Menschenbildung".
- 1850 Friedrich Fröbel zog nach Schloß Marienthal bei Meiningen und verlagerte dorthin die „Ausbildung zur Kinderpflegerin" (Ansatz für allseitige Lebenseignung durch entwickelnd – erziehende Menschenbildung)

Als seine wichtigsten Schriften werden folgende Veröffentlichungen angesehen:

> „Die Menschenerziehung. Die Erziehungs-, Unterrichts- und Lehrkunst, angestrebt in der Allgemeinen Deutschen Erziehungsanstalt zu Keilhau" (1826),
> „Mutter- und Koselieder" (1844).

Schon in seiner Keilhauer Zeit entwickelte Friedrich Fröbel den sogenannte Helba-Plan, mit dem seine Idee einer Einheitsschule verwirklicht werden sollte. Kern seiner pädagogischen Grundgedanken waren seine konzeptionellen Überlegungen zu einer Volkserziehung, die keine Standeserziehung war. Umsetzen konnte er seine Denkmodelle nicht. Leitmotivisch können die Überlegungen von Friedrich Fröbel zur frühkindlichen Erziehung und Bildung wie folgt eingeordnet werden:

Spielpädagogik: Friedrich Fröbel hat keine systematisch aufgebaute Spielpädagogik entwickelt, jedoch wichtige theoretische Ideengänge zur Bedeutung des Spiels in der frühen Kindheit verfasst, sozusagen als „ersten Unterricht" (Gebel/Heiland/Proll 1997, 389).

> *„Das Spiel ist ein Spiegel des Lebens, des eigenen und des Fremdlebens, des Innen- und Umlebens" (1838/1982, 35),*

wobei Letzteres von ihm als das sphärische Gesetz bezeichnet wird. Die Erziehenden sollten das kindliche Spiel begleiten, im Sinne der sogenannten Spielpflege, um Kinder anzuregen, ihre eigenen Vorstellungen und Ideen im Spielprozess weiterzuentwickeln. Friedrich Fröbel entwickelte einen ganzheitlichen Ansatz der frühkindlichen Bildung und Entwicklung. Ziel war es, durch Spiel nicht nur die kognitiven Bereiche des kindlichen Denkens, sondern auch ihre Sinneswahrnehmungen zu befördern. Gleichfalls sollte eine Erweiterung der Handlungsmöglichkeiten durch die Gestaltung eines wechselseitigen Interaktionsprozesses von Erziehenden und Kind angeregt werden. Die Erziehenden sollten hinweisend, ordnend und klärend handeln, um somit den Kindern Möglichkeiten aufzuzeigen, sich die Gesetzmäßigkeiten der Wirklichkeit selbsttätig und selbstbestimmt anzueignen. Friedrich Fröbel leitete aus dem kindlichen Spiel ab, wie Kinder später als Erwachsene ihre Aufgaben bewältigen. Bezeichnet als die sogenannte „Allseitige Lebenseignung" beschreibt er die Entwicklung des Menschen als stetigen Prozess des Austarierens mit der „Natur", „dem Menschen" und „Gott" (Heiland 2015, 371).

> *„Ein Kind, welches tüchtig, selbsttätig still, ausdauernd bis zur körperlichen Ermüdung spielt, wird gewiss ein tüchtiger, stiller, ausdauernder, Fremd- und Eigenwohl mit Aufopferung befördernder Mensch" (1826, 69).*

Spielgaben: Für die Entwicklung seiner Spielgaben hat Friedrich Fröbel vorhandene Vorlagen weiterentwickelt. Zentral war für ihn die Beobachtung des kindlichen Spiels, um daraus abzuleiten, wie Kinder ihr Spiel gestalten und wie sie Spielzeug nutzen. Das von ihm aufgestellte „sphärische Gesetz" spielte eine große Rolle:

- Die Lebenseignung als „sphärische Einsicht" (erst Ahnen, dann Rcflcxion).
- Der handelnde Umgang des Kindes mit der Wirklichkeit, dem Selbst und der Welt (Strukturen, dinglich und sozial).
- Das Pädagogische Feld (die Konstituierung von Welt und Ich durch Spiel und Bauen sowie die deutende Beteiligung des Erziehenden beim Spiel, als Spielpflege).

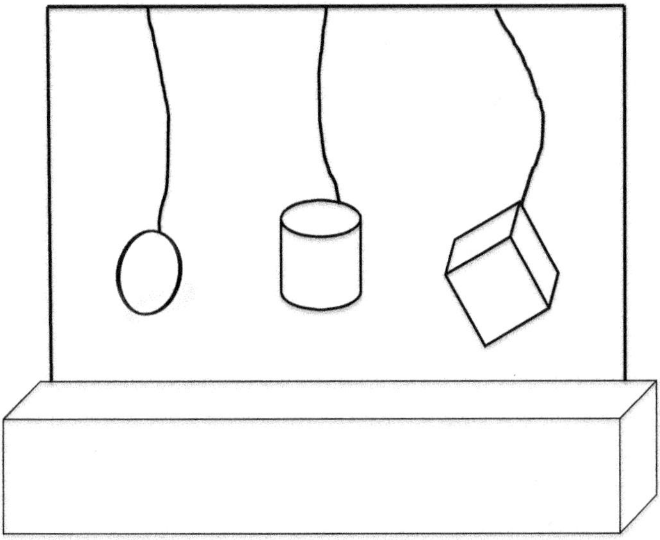

Abbildung 2: Spielgaben von Friedrich Fröbel (eigene Darstellung)

Die Spielgaben wurden nach gegensätzlichen Strukturprinzipien geordnet wie bspw. leicht und schwer, konkret und abstrakt, zerteilen und vereinigen.

Die erste Spielgabe war der Stoffball bzw. Stoffkugel, die an einer Schnur hängt. Die Kinder sollten lernen, diese zu ertasten, zu greifen und zu begreifen. Sie konnten an der Schnur ziehen, den Ball hüpfen lassen. Zu dieser ersten Spielgabe verfasste Friedrich Fröbel 16 Zeichnungen und Anleitungen für den Umgang.

Die zweite Spielgabe waren eine Holzkugel, ein Holzwürfel und eine Holzwalze. Dadurch sollte die kindliche Geschicklichkeit beim Greifen trainiert werden und mit den veränderten Formen des Würfels wie bspw. die Ecken und Kanten kognitive Prozesse angeregt werden.

Bei den weiteren Spielgaben wurden die Formen und Zusammensetzungen immer weiter ausdifferenziert, um Tätigkeiten wie bspw. zerlegen, zusammensetzen, zuordnen und zusammenbauen zu ermöglichen. Friedrich Fröbel entwickelte sechs Baukästen, mit denen erste mathematische und physikalische Gesetzmäßigkeiten, Prinzipien des Wachsens und Vergehens kennengelernt werden sollten und den Kindern fantasievoll neue Erkenntnisformen nahegebracht werden konnten. Durch Wiederholen und Probieren sollten die Kinder zu Einsichten gelangen, die auf abstrakten Denkwegen nicht erreicht werden konnten. Die Spielgaben vier bis sechs bilden Grundlage der Bauecke, wie sie heute noch in vielen Kindergärten zu finden sind.

Kindergarten: Auch die Entwicklung einer frühkindlichen Einrichtung, des Kindergartens, war nicht neu. Die Idee von Betreuungseinrichtungen für kleine Kinder begleitete die Pädagogik seit ihrer Entstehung (Franke-Meyer 2011; Braches-Chyrek/Bock 2021). Ob als Warteschulen, Kleinkinderbewahranstalten oder Kleinkinderschulen konzipiert, als Spielschulen, Aufsichts- und/oder Arbeitsschulen, Werkschulen oder Strickschulen, Pflegeanstalten, Vorbereitungsanstalten für Säuglinge und Kleinstkinder oder im Kontext von Armenhäusern, Säuglings- und Kleinkinder- bzw. Kinderheimen oder Kinderhort. Es wird davon ausgegangen, dass erste Kinderhorte ab 1844 eingerichtet wurden (bspw. in Paris, Wien, Bayern, Württemberg und Preußen). Vielfach waren die Kleinkinderschulen kirchlich organisiert, hatten einen Betreuungsansatz oder teilweise auch schon einen Stundenplan, der feste Zeiten für Gesang, Anschauungs-, Sinnes-, Sprach-, Schreib- und Rechenaufgaben vorsah sowie für Bewegung, Handarbeiten und Spielen. Viele der Einrichtungen richteten sich nur an die Kinder des Adels oder des Bürgertums oder aber nur an Arbeiterkinder, um Letztere auf die spätere Einbindung der jungen Menschen in die industriellen oder landwirtschaftlichen Arbeitsprozesse vorzubereiten, wie bspw. die „Nordwolle" in Delmenhorst oder die „Jute" in Bremen (Toppe 2010).

Friedrich Fröbel wollte sich mit seiner Idee vom Kindergarten bewusst von den bisherigen Formen der Betreuung, Erziehung und Bildung abgrenzen. Kinder sollten weder bewahrt, belehrt noch zur Arbeit erzogen werden. Seine Motive für die Gründung des Kindergartens waren bildungspolitisch. Somit grenzte Friedrich Fröbel sich deutlich von den bisherigen gesellschaftlichen Normsetzungen der frühkindlichen Erziehung und Bildung im mütterlichen Zuständigkeitsbereich und als Familienaufgabe ab. Kindliche Lern- und Erziehungsprozesse sollten an einem eigenen Ort und in einem Schonraum stattfinden, dem Kindergarten. Mit der Schaffung einer eigenständigen Institution als frühkindlicher Bildungsort für alle Kinder sollten diese angeregt werden, aus eigenem Antrieb und im eigenen Tempo zu lernen. Erwachsene sollten Kinder begleiten, anleiten und ihnen spielerische Lernangebote machen. Aber auch die Gestaltung des Gartens war sehr zentral. Friedrich Fröbel fertigte Skizzen über den Garten im Kindergarten an. Dieser sah kleine Beete für jedes Kind vor, einen Gemeinschaftsgarten und Kompost. Es wurden Gemüse, Blumen und Feldfrüchte angepflanzt.

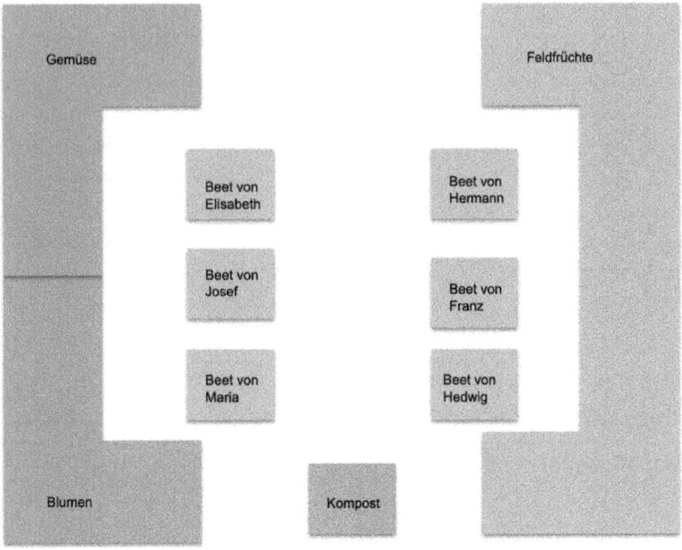

Abbildung 3: Garten nach Friedrich Fröbel (eigene Darstellung)

Mutter-, Spiel- und Koselieder: In seinem Buch „Mutter-, Spiel- und Koselieder“ (1840) sind 50 Spiellieder für Kinder für die Altersstufen von einem Jahr bis zu zwei oder drei Jahren verfasst. Inhaltlich orientieren sich die Lieder am Alltag des bäuerlichen Milieus des 19. Jahrhunderts. Friedrich Fröbel wollte mit diesen Liedern Erziehende anregen, frühkindliche Lern- und Bildungsprozesse zu begleiten, indem sie die Lieder mit ihrer Mimik und Gestik unterstützten, als autodidaktisches Material im Sinne der Schaffung von Selbstbelehrungs- und Beschäftigungsmitteln. Dazu hat Friedrich Fröbel neben den Liedtexten auch Visualisierungen zum einfachen Nachahmen verfasst, um Kooperations- und Zeigeprozesse zu initiieren. Es ging aber nicht nur um die sprachliche und kognitive Förderung der Kinder, sondern es sollte auch das gemeinsame Erleben befördert werden, um Verbundenheit zu ermöglichen, wie folgendes Beispiel zeigt.

10. Spiellied aus den „Mutter-, Spiel- und Koseliedern“ (1840)

Lustig im klaren Bächlein
Spielen die kleinen Fischlein
Sie schwimmen darinnen immer herum
Bald sind sie g'rad, und bald sind sie krumm

In den theoretischen Überlegungen von Friedrich Fröbel spiegeln sich Vorstellungen einer allgemeinen Kindes- und Menschenbildung in unterschiedlichen Entwicklungsstufen wider. Kinder sollten nicht nur bewahrt und unterrichtet werden, sondern im und durch das Spiel angeregt und gefördert werden hin zu einer sich stetig weiterentwickelnden Geistestätigkeit.

> Als Raum und Ort der frühkindlichen Erziehung und Bildung außerhalb der Familie schuf Friedrich Fröbel den Kindergarten. Mit der Entwicklung und Verbreitung von Ausbildungsorten und -konzepten für die professionelle frühkindliche Betreuung, Erziehung und Bildung sowie von didaktischen Materialien (den Spielgaben) entstanden erste Grundlagen für institutionelle Lehr- und Lernprozesse in der frühen Kindheit.

Ausgangspunkt pädagogischen Handelns sollte die emotionale Basis der Mutter-Kind-Beziehung sein, von der aus das selbsttätige Handeln des Kindes getragen, strukturiert und herausgefordert wird. Friedrich Fröbel entwickelte theoretische Ansätze zur Bedeutung des Spiels in der frühen Kindheit, welche – auch international – Einfluss auf die Entwicklung von frühpädagogischen didaktischen Prinzipien hatten. Ziel seiner Überlegungen war es, die kognitiv-strukturierende Förderung und Befähigung kategorialer (exemplarischer und elementarer) kindlicher Bildungsprozesse (und nicht Lernprozesse) als Aufklärung, innere Entwicklung und Welterfahrung zu befördern. Friedrich Fröbels Werk wurde von vielen seiner Schüler*innen fortgeführt, u.a. von Ida Seele, Eleonore Heerwart oder auch Margarethe Meyer Schurz, die im Jahr 1856 den ersten Kindergarten in den Vereinigten Staaten in Watertown im Bundesstaat Wisconsin gründete. Weitere Institutionengründungen folgten durch die Initiative von Elizabeth P. Peabody und Adolph Douai in den Jahren 1859 bis 1860 in Boston (USA) sowie 1866 in New York City (USA). 1862 gründete August Köhler den Deutschen Fröbelverein in Thüringen, der 1872 zum Allgemeinen Fröbelverein und 1873 zum Deutschen Fröbelverband wurde. Bertha von Marenholtz-Bülow oder Lina Morgenstern waren maßgeblich an der Aufhebung des Kindergartenverbots, welches im Jahre 1876 im Königreich Preußen in Kraft trat, beteiligt. Henriette Schrader-Breymann (1827–1899), Henriette Goldschmidt (1825–1920) (Pestalozzi-Fröbel-Haus in Berlin) und Erika Hoffmann (1902–1995) begründeten die ersten Ausbildungsstätten für Kindergärtnerinnen und Kinderpflegerinnen. Mittlerweile existieren teilweise sehr unterschiedliche Lesarten der theoretischen Überlegungen von Friedrich Fröbel (siehe u.a. Sauerbrey/Winkler 2018). Festgehalten werden kann jedoch, dass die Vor- und Grundbedingung aller Bildung und Erziehung die kindliche Aktivität, Eigenmächtigkeit und Selbstbestimmung – die freie Selbsttätigkeit – ist. Somit wird das kindliche Spiel innerhalb vorgegebener Strukturen zum wesentlichen Kern aller bildungstheoretischen Überlegungen in der frühen Kindheit. Friedrich Fröbel hat durch die Entwicklung seiner Spielgaben eine Ordnung des kindlichen Spiels vorgegeben, also einen Formalismus (mit Betonung auf der äußeren Form). Kindern werden als „kleine (teils defizitäre) Erwachsene" angesehen, die innerhalb des von Erwachsenen gestalteten Erziehungssystems (Kindergarten, Spielgaben) erzogen werden sollen. Ungeklärt ist, inwiefern Kinder ihre eigenen Regeln ausarbeiten oder die bereits vorgegebenen adaptieren und verändern.

Literatur zum Weiterlesen:

FRÖBEL, Friedrich (1826): Die Menschenerziehung. Die Erziehungs-, Unterrichts- und Lehrkunst, angestrebt in der Allgemeinen Deutschen Erziehungsanstalt zu Keilhau. Keilhau.

FRÖBEL, Friedrich (1844): Mutter-, Spiel und Koselieder. In: friedrich-fröbel-online.de.

FRÖBEL, Friedrich (1982): Ausgewählte Schriften. 3. Vorschulerziehung und Spieltheorie. Hg. v. Helmut Heiland. Stuttgart.

GEBEL, Michael/Heiland, Helmut/Proll, Hans (1997): Fröbel in seinen Briefen. Bemerkungen anläßlich der Edition einer Fröbelbriefausgabe. In: Zeitschrift für Pädagogik, 3, S. 375–393.

HEILAND, Helmut (2015): 175 Jahre Kindergarten. Friedrich Fröbel und sein pädagogisches Erbe: In: Diskurs Kindheits- und Jugendforschung, Heft 4, S. 367–380.

SAUERBREY, Ulf/Winkler, Michael (2018): Friedrich Fröbel und seine Spielpädagogik. Eine Einführung. Paderborn.

2.6 Sittlich-religiöse Erziehung in Kleinkinderschulen: Georg Heinrich Theodor Fliedner (1800–1864)

Georg Heinrich Theodor Fliedner war deutscher evangelischer Pastor und Sozialreformer. Er gründete die Kaiserswerther Diakonie in Düsseldorf, die erste Diakonissenanstalt der Welt. Als eines von zehn Kindern wuchs er in einer Pfarrersfamilie auf. Seine Schulbildung wurde durch den Unterricht durch seine Geschwister und Eltern ergänzt. Georg Heinrich Theodor Fliedner besuchte das Gymnasium und studierte in Gießen sowie Göttingen evangelische Theologie (1817). Von 1820 an war er als Hauslehrer in Köln tätig und ab 1822 als Pfarrer in Kaiserswerth (Düsseldorf). Aufgrund der großen Not der arbeitenden Bevölkerung organisierte er Kirchen-, Schul-, und Armenfonds. Weiterhin gilt er als Begründer der Rheinisch-Westfälischen Gefängnisgesellschaft (1826). Georg Heinrich Theodor Fliedner entwickelte Resozialisierungsmaßnahmen für Strafgefangene wie auch ein Konzept für eine ökumenische Gefängnisseelsorge. Im Jahr 1828 heiratete er Friederike Münster. Sie hatten elf Kinder, jedoch erreichten nur drei von ihnen das Erwachsenenalter.

Eine erste Strickschule errichtet er 1835 und 1836 eine Kleinkinderschule und ein Kleinkinder-Lehrerinnenseminar sowie eine Bildungsanstalt für evangelische Pflegerinnen. Hier wurden unverheiratete Frauen für die Krankenpflege und als Kleinkinderlehrerinnen ausgebildet entlang der Ideen und Denkmodelle von Georg Heinrich Theodor Fliedner zu einer Lehr- und Erziehungsdiakonie.

Seine wichtigsten Schriften für die Kindheitspädagogik waren folgende:

„Liederbuch für Kleinkinderschulen“ (1842),
„Kurze Geschichte der Entstehung der ersten evangelischen Liebesanstalten in Kaiserswerth“ (1856).

Die Kleinkinderschule sollte die Pflege und Erziehung der Kinder übernehmen, die von ihren Familien respektive Müttern nicht versorgt werden konnten. Die Betreuung bzw. „Bewahrung“ von kleinen Kindern wurde immer notwendiger, da der wirtschaftliche und soziale Wandel viele Eltern zwang, außerhalb des Hauses zu arbeiten. Es ging im Kern darum, Kinder vor dreifacher Verwahrlosung, der körperlichen, geistigen und der geistlich-sittlichen, zu schützen. Dabei verfolgten die Kleinkinderschulen mehrere Ziele: Zum einen sollten die Kinder sittlich-religiös erzogen werden; ihren Eltern sollte es ermöglicht werden, durch Arbeit ein Einkommen zu erzielen, und gleichzeitig sollten die Familien mit allen ihren Kindern in einen christlichen Erziehungsprozess eingebunden werden. Die Kleinkinderschulen im Sinne von Georg Heinrich Theodor Fliedner waren nicht bloß Bewahranstalten, sondern Vorbereitungsschulen und Erziehungsanstalten für in der Regel arme Kinder. Für die Kleinkinderschule entwickelte Georg Heinrich Theodor Fliedner Unterrichtspläne, die sich an den englischen *Infant Schools* von Samuel Wilderspin (1824) und des Pfarrers Friedrich Oberlin (1779) in Waldbach im Steinthale orientierten. Eine der ersten Kleinkinderlehrerinnen war Luise Scheppler.

Obwohl schon im Jahr 1769 im Elsass (Steinbachtal) durch den evangelischen Pfarrer Friedrich Oberlin eine erste „Beschäftigungsstelle" (Strickschule) für drei- bis siebenjährige Kinder geschaffen wurde, entwickelte sich erst nach und nach ein pädagogisches Programm. 1802 errichtete die Fürstin Pauline von Lippe-Detmold eine erste „Aufbewahrungs-Anstalt kleiner Kinder"; diese war den Kleinkinderschulen Georg Heinrich Theodor Fliedners ähnlich. Die Schaffung und Umsetzung von Maßnahmen zum Schutz der Kinder war in den Kleinkinderschulen leitmotivisch. Vielfach übernahmen jedoch nur wenig ausgebildete Frauen als sogenannte Aufseherinnen und Wärterinnen die Betreuung der Kinder. Vielfach waren Frauenvereine in die Organisation und Beaufsichtigung der Betreuenden eingebunden. Sie entwickelten bspw. sogenannte Handreichungen für die Tätigkeit als Aufsichtsdame. Insbesondere Kinder arbeitender Mütter sollten vor „Verwahrlosung, Verkrüppelung und Verwilderung" (Fliedner 1856, 13) geschützt werden. Der Unterricht in den Kleinkinderschulen folgte einer klaren Struktur. Wesentlich für die Ausgestaltung sowie Ermöglichung von Erziehungs- und Lernprozessen in der frühen Kindheit wurde das Anleiten zu und die Ausführung von Übungen angesehen, die starke Ähnlichkeit zu schulischen Übungen hatten. Aufteilen lassen sich die Grundgedanken der Kleinkinderschulen nach Georg Heinrich Theodor Fliedner in folgende Aspekte:

Gewöhnung: Die Entwöhnung von der Familie, vom familialen Zuhause, wurde verbunden mit der Gewöhnung an gewünschte Verhaltensweisen wie bspw. Gehorsam, Ordnung, Arbeitsamkeit, Verträglichkeit, Wahrhaftigkeit, Aufmerksamkeit, Sittlichkeit, Höflichkeit, Freundlichkeit, Gefälligkeit, Reinlichkeit, Benehmen (schicklich und schön), Zuvorkommenheit und Gefälligkeit.

Beschäftigung: Die Beschäftigung der Kinder konzentrierte sich auf das Ableisten von Übungen und leichten Arbeiten. Erst wenn diese gut erledigt wurden, konnten die Kinder spielen. Mit dem Wechsel der Beschäftigungen – Spiel und Arbeit – sollten die Kinder schon früh in den Rhythmus von Arbeitsprozessen eingebunden werden. Die Beschäftigungen konzentrierten sich auf haushaltsnahe Arbeitstätigkeiten wie bspw. leichte Küchenarbeiten (Hülsenfrüchte auslesen), leichte Handarbeiten (Klöppeln, Garne wickeln, Körbe flechten), Papier oder Rosshaar zupfen. Aber auch einfache Tätigkeiten im Garten oder Tiere füttern und hüten wurden als notwendig angesehen.

Anschauungsunterricht: Der Anschauungsunterricht konzentrierte sich auf die Bereiche Erzählen, Anschauungsübungen wie bspw. Lautieren, Schreiben, Denk- und Sprechübungen, Rechnen, Zeichnen oder Formenlehre, Auswendiglernen, Singen usw. Es wurden aber auch Regeln eingeübt, Sprüche und Lieder, Geschichten des Alten und Neuen Testaments sowie Gebote. Ziel war es, die Kinder auf den späteren Schulunterricht und das Arbeitsleben vorzubereiten.

Religiöser Unterricht: Es wurden Gebetssprüche sowie Gebete für Tages-, Wochen- und Festzeiten auswendig gelernt. Die Kinder sollten durch das gemeinsame Gebet an christliche Wertvorstellungen und die damit einhergehenden Lebensweisen herangeführt werden, um sie vor körperlicher, geistiger und sittlicher Verwahrlosung zu schützen. Durch religiöse Unterweisung und Gewöhnung an den Tugendkatalog (Gehorsam und Frömmigkeit) sowie Möglichkeiten zur Beichte (um ihre Fehler zu bereuen) sollten sie zu einem religiös-sittlichen Leben in einer christlichen Gemeinschaft erzogen werden.

Die Entwicklung und Fundierung einer religiös-sittlichen Methode der Erziehung beinhaltete die Anleitung zur Ausgestaltung von kindlichem Spiel (dem sogenannten „recht (= richtig) zu spielen"), die Vermittlung von naturgeschichtlichem Wissen, Anschauungs-, Sprech-, Rechen- und Denkübungen. Dadurch wurde es möglich, die Idee der Kleinkinderschulen wie auch die Ausbildung zur Kleinkinderlehrerin in der Rheinprovinz zu verbreiten.

Tage	8 – 9 Die Kinder versammeln sich und spielen	9 – 9 ¾	9 ¾ – 10	10 – 10 ¾ Die Kinder essen ihr Butterbrot und Spielen	10 ¾ – 11	1 – 2 Spielen	2 ¾	2 ¾ – 3	3 – 3 ¾ Essen des Butterbrotes und Spielen	3 ¾ – 4
Montag		Singen und Beten, Erzählen einer Bibelgeschichte und Lernen eines Bibelspruchs, Bewegungen machen lassen	Anschauungsübungen		Erzählen einer Geschichte oder Fabel oder Anschauungsübungen		Singen und Beten, Erzählen einer moralischen Geschichte und lernen eines Denkspruches, rezitieren	Lautieren und Schreiben		Auswendiglernen einer Fabel
Dienstag		Singen und Beten, Wiederholen der Tages vorher erzählten Geschichte und des gelernten Spruchs, Bewegungen machen lassen	Rechnen und Schreiben		Auswendiglernen einer Fabel		Singen und Beten, Auswendiglernen und Lautieren oder Rechnen,	Anschauungsübungen		Anschauungsübung oder Erzählen
Mittwoch		wie Montag	Lautieren und Schreiben		Anschauungsübungen oder Erzählen		wie Montag	Anschauungsübungen		wie Dienstag
Donnerstag		wie Dienstag	wie Montag		wie Montag		wie Dienstag	Rechnen und Schreiben		Anschauungsübung
Freitag		wie Montag	wie Dienstag		Erzählen oder Rechnen		Singen und Beten, Wiederholgen der morgens erzählten Geschichte und des gelernten Spruch, Bewegungen machen lassen	Rechnen und Schreiben		wie Dienstag
Sonnabend		Singen und Beten, Wiederholung der in der Woche erzählten Geschichten und der gelernten Sprüche, Bewegungen machen lassen	wie Mittwoch		Erzählen einer moralischen Geschichte		frei	frei		frei

Abbildung 4: Stundenplan für eine Kleinkinderschule nach Johann Friedrich Ranke (1848) (eigene Darstellung)

> Getragen von Vorstellungen bürgerlich-christlicher Wohltätigkeit schuf Georg Heinrich Theodor Fliedner eine Kleinkinderschule, die einen frühzeitigen und umfassenden fürsorglichen Zugriff auf Kindheitsverläufe gewährleisten sollte.

Georg Heinrich Theodor Fliedner konnte die Ausbildung zur Kleinkinderlehrerin nicht nur fachlich fundieren, sondern initiierte auch ab 1839 eine jährlich stattfindende Kleinkinderlehrinnenkonferenz. Die Ausbildung zur Kleinkinderlehrerin dauerte anfänglich acht Wochen und wurde dann sukzessive auf fünf Monate ausgeweitet (1849) (Franke-Meyer/Reyer 2015, 146). Einer seiner wichtigsten Schüler war Johann Friedrich Ranke, der 1848 ebenfalls eine Anleitung zur Methode der Erziehung und Beschäftigung kleiner Kinder verfasste. Das von Georg Heinrich Theodor Fliedner mitbegründete Diakonissenwerk bestand nach seinem Tod im Jahr 1864 aus 30 selbstständigen Diakonissenmutterhäusern, in denen mehr als 16.000 Schwestern tätig waren und welches mehr als 400 Arbeitsstätten umfasste an mehr als 100 Orten auf der ganzen Welt. In Kaiserswerth (Düsseldorf) arbeiteten 415 Diakonissinnen und Probeschwestern.

Diese starke Ausweitung fürsorglicher Interventionen in der frühen Kindheit, die sich nicht nur daran orientierten, dass Kinder bewahrt wurden und „satt und sauber“ sind, sondern dass Kinder gleichzeitig zur „proletarischen Sittlichkeit“ erzogen wurden, zeigt sich am Beispiel der Ideengänge und richtungsweisenden Schaffung von Institutionen durch Georg Heinrich Theodor Fliedner sehr deutlich. Mit der Etablierung dieser Formen bürgerlich-christlicher Wohltätigkeit als sogenannte soziale Nothilfe für Eltern konnte eine Neujustierung der Verantwortungsteilung zwischen Privatheit und Öffentlichkeit für die Betreuung, Erziehung und Bildung kleiner Kinder eingeleitet werden (Toppe 2010, 248). Der möglichst frühzeitige und umfassende fürsorgliche Zugriff auf Kindheitsverläufe durch die Kleinkinderschulen hatte vielfältige Auswirkungen. Er sollte einerseits dem Schutz der Kinder und der Abwendung von möglichen Gefahren sowie gesellschaftlicher Folgekosten dienen; andererseits wurde es auch möglich, die Befriedung und gleichzeitige Kontrolle proletarischer Familien einzuleiten. Ziel war es, einen ordnenden und gestalteten institutionellen Rahmen für die frühkindliche Betreuung, Erziehung und Bildung zu schaffen, um die elterliche und insbesondere auch die mütterliche Arbeitskraft für die Industrieunternehmen, im Sinne der Existenzermöglichung sicherzustellen. Es wurde davon ausgegangen, dass „gelingende" kindliche Sozialisations- und Bildungsprozesse die Herausbildung von widerständigem oder sogar revolutionärem Gedankengut nachhaltig verhindern.

Literatur zum Weiterlesen:

FLIEDNER, Georg Heinrich Theodor (1842): Liederbuch für Kleinkinder-Schulen und die unteren Klassen der Elementarschulen, mit Melodien, Gebeten, Bibelsprüchen, Denkversen, Spielen, der Methode der Erziehung des Unterrichts in der Kleinkinderschule, einer Anleitung, solche Schulen zu errichten, und Selbstprüfungsfragen für Kleinkinder-Lehrerinnen. Kaiserswerth.

FLIEDNER, Georg Heinrich Theodor (1856): Kurze Geschichte der Entstehung der ersten evangelischen Liebesanstalten in Kaiserswerth (Des Asyls, des Diakonissen-Mutterhauses und des Hospitals). In: AKF, 8. Jg., S. 2–16.

RANKE, Johann Friedrich (1848): Methode der Erziehung und Beschäftigung kleiner Kinder in Kleinkinderschulen und Familie. Düsseldorf.

TOPPE, Sabine (2010): Zwischen fürsorglichem Interesse und sozialer Disziplinierung – Betriebliche Kinderfürsorge in der bremischen Textilindustrie um 1900. In: Bühler-Niederberger, Doris/Mierendorff, Johanna/Lange, Andreas (Hg.): Kindheit zwischen fürsorglichem Zugriff und gesellschaftlicher Teilhabe. Wiesbaden, S. 229–252.

	Bild vom Kind	Erziehung und Bildung	Kindheitspädagogische Grundlagen
Johann Amos Comenius (1592–1670)	aktiv, kreativ, forschend, selbsttätig	Allerziehung, Schule des Lebens, Erziehung vom Kinde aus	spielerische Wissensvermittlung
Jean-Jaques Rousseau (1712–1778)	natürliche „Gutheit" resp. „Unschuld" des Kindes, Recht auf Kindheit	Erziehende (gute Mütter) und Familie	Naturerfahrungen
Christian Heinrich Wolke (1741–1825)	Lernfähigkeit	Bewahr- und Vorbereitungsanstalt Erziehungstätigkeit von Müttern und Kinderlehrer*innen	Bilderbuch, Versinnlichungsmethode (Didaktik)
Johann Heinrich Pestalozzi (1746–1827)	natürliche Kräfte und Anlagen, individuelle Entwicklungsschritte	Wohnstube, Mutter-Kind-Beziehung, Erzieher*innen wirkliches Leben, ganzheitliches Lernen	Geist, Herz, Hand
Friedrich Fröbel (1782–1852)	kognitiv-strukturierende Förderung und Befähigung	Kindergarten	Spielgaben
Georg Heinrich Theodor Fliedner (1800–1864)	sittlich-religiös	Kleinkinderschule	Struktur (Stundenplan), Anleitung, Vermittlung

Tabelle 1: Klassische Theorien und Ansätze in der Kindheitspädagogik

---

Reflexionsaufgaben:

Welche gesellschaftlichen Bedingungen, Herausforderungen und Wandlungsprozesse haben die Herausbildung von theoretischen Überlegungen begünstigt und beeinflusst?

Warum wurden Kinder als „kleine Erwachsene" angesehen? Was bedeutet dieses Bild vom Kind für Erziehungs- und Bildungsprozesse?

Erläutern Sie, inwiefern „Institutionen" der frühen Kindheit „gelingende" Sozialisations- und Bildungsprozesse ermöglichen können.

Beschreiben Sie, welche besonderen Praxiszusammenhänge zur Herausbildung der einzelnen Handlungsfelder in der frühen Kindheit geführt haben.

Welche kindheitspädagogischen Grundlegungen sind durch die frühen theoretischen Ideengänge zur kindlichen Bildung und Erziehung bis heute wirksam?

---

3. Theorieentwicklungen im Jahrhundert des Kindes

Gegen Ende des 19. Jahrhunderts bündelten sich eine Vielzahl von Reformvorschlägen für das Bildungswesen, die bis heute unter dem Begriff „Reformpädagogik" verhandelt werden, um eine Veränderung des Bildungssystems in die Wege zu leiten, ganz im Sinne der Ideen zur *neuen* Erziehung, eines *neuen* Menschen sowie einer *neuen* Gesellschaft. Die bisherigen Vorstellungen von Bildung und Erziehung wurden durch die intensive Beschäftigung mit neueren medizinischen, psychologischen und pädagogischen Forschungsbefunden und -erkenntnissen einer Überprüfung unterzogen. Nicht nur Überlegungen zur Akteurschaft und Partizipation von Kindern, sondern auch eine intensive Berücksichtigung der kindlichen Bedürfnisse in Erziehungs- und Bildungsprozessen waren leitmotivisch für die pädagogischen Diskussionen. Nachfolgend werden zentrale theoretische Gedankenmodelle, die in dieser Zeit entstanden sind, vorgestellt.

3.1 Kinderpolitik: Ellen Karolina Sophie Key (1849 – 1926)

Die schwedische Reformpädagogin Ellen Karolina Sophie Key wurde 1849 in Sundsholm (Västervik, Südschweden) geboren. Sie wuchs in einer adeligen Familie auf dem Land auf. Dort erhielt sie Privatunterricht und konnte ihren Interessen durch eigenständig durchgeführte Studien nachgehen. Als ihr Vater Abgeordneter im Parlament wurde, zog die Familie nach Stockholm um. Ellen Karolina Sophie Key begleitete ihren Vater bei vielen Reisen in die europäischen Nachbarländer. Sie entwickelte auch aufgrund ihrer Reiseeindrücke ein nachhaltiges und anhaltendes gesellschaftspolitisches Engagement. Ab 1878 unterrichtete Ellen Karolina Sophie Key an einer privaten Schule in Stockholm und von 1882 bis 1903 war sie Dozentin für Literatur und Kulturgeschichte am Stockholmer Arbeiterinstitut. Ihr Engagement für Frauen- und Kinderrechte zeigt sich insbesondere in den Themen ihrer Vorträge und Veröffentlichungen zur Kindererziehung und Frauenbewegung. Ihre individual- und sozialreformerische Studie zur Pädagogik „vom Kinde aus" ist ihre bekannteste und wichtigste Schrift, deren thematische Grundlegungen bis heute für die Kindheitspädagogik von Bedeutung sind:

„Das Jahrhundert des Kindes“ (1900).

Durch diese Veröffentlichung wurden Ellen Karolina Sophie Keys pädagogische Überlegungen international stark beachtet. Sie verfasste mehr als 44 Bücher sowie 150 Zeitschriftenartikel und war eine gefragte Rednerin. Ihre kinderrechtstheoretischen Perspektivierungen gaben wesentliche Impulse für die internationalen Diskussionen um Kinderrechte und Kinderpolitik zu Beginn des 20. Jahrhunderts.

Ellen Karolina Sophie Key entwickelte Ideengänge zu einem dichten Konzept einer naturalistischen „Pädagogik vom Kinde aus“ mit dem Ziel, die Rechte von Kindern zu befördern. Ihre sozialreformerischen Vorstellungen von Kinderrechten wurden von anthropologischen Grundannahmen über kindliche Wissens- und Könnensformen getragen. Sie ging davon aus, dass die Natur, die kindliche Entwicklung, die Herausbildung von Personalität sowie die Möglichkeiten zur Selbstbestimmung und das Streben nach Autonomie in einem engen Zusammenhang stehen. Ziel jeder Erziehung und Bildung in der frühen Kindheit sollte es sein, Kinder „wachsen zu lassen“. Sie sollten sich frei und spontan entfalten als auch entwickeln können. Ellen Karolina Sophie Key nahm Kinder als eigenständige Persönlichkeiten wahr und sie ging davon aus, dass Kinder einen eigenen Willen, eigene Ansichten sowie eine eigene Urteilsfähigkeit entwickeln und somit auch Verantwortung für ihr Tun und ihre Entscheidungen tragen. Aufgabe von Erziehung und Bildung sollte es sein, dass sich Kinder in ihrer natürlichen (familialen) Umgebung frei und in Ruhe entfalten und bilden können.

„Ruhig und langsam die Natur und sich selbst helfen lassen und nur sehen, dass die umgebenden Verhältnisse die Arbeit der Natur unterstützen, das ist Erziehung“ (Key 1905, 110).

Folgende Prämissen prägen die kindheitstheoretischen Überlegungen von Ellen Karolina Sophie Key:

- Die psychischen Strukturen von Kindern unterscheiden sich von denen der Erwachsenen. Kinder durchlaufen eigenständig die notwendigen Entwicklungsschritte in individuell unterschiedlichen Phasen.
- Jedes Kind ist außergewöhnlich, es gibt keine idealen Kinder und auch keine idealen kindlichen Entwicklungsstufen.
- Kinder nehmen ihre soziale Umwelt individuell unterschiedlich wahr, sie entwickeln ihr eigenes Wertesystem, welches sich von Erwachsenen unterscheidet.
- Kinder sind keine kleinen Erwachsenen, sondern Kindheit ist ein eigener Status.

Ellen Karolina Sophie Key entwickelte klare kindheitspädagogische Vorstellungen, die ihre Überlegungen zur Ausgestaltung von Kindergärten und Kleinkinderschulen rahmten. Die häusliche Bildung und Erziehung in der Familie sollte mit der institutionellen Bildungs- und Erziehungspraxis der Kleinkinderschulen und des Kindergartens eng verzahnt sein, wie folgende Abbildung zeigt:

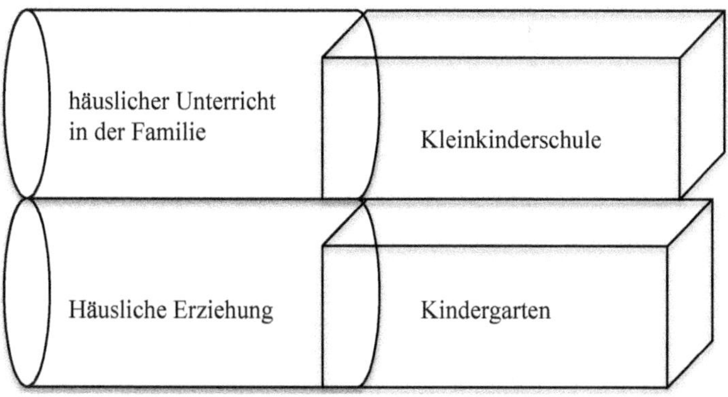

Abbildung 5: Zum Verhältnis von Familienerziehung, Kindergarten und Kleinkinderschule nach Ellen Karolina Sophie Key (eigene Darstellung)

Der Kindergarten: Die konzeptionelle und räumliche Ausgestaltung der bereits existierenden Kindergärten zu Beginn des 20. Jahrhunderts wurde von Ellen Karolina Sophie Key als stark überarbeitungsbedürftig angesehen. Insbesondere, wenn der Kindergarten als sogenannter „Notbehelf" konzipiert wurde, standen dessen Gruppengröße, Vermittlung von Lern- und Bildungsinhalten durch starre Lehrpläne sowie das oftmals sehr geringe professionelle Handeln von Erzieherinnen im Zentrum ihrer Kritik. Kinder sollten weder nach einem Plan unterrichtet werden noch in zu großen Gruppen, sondern entlang ihrer jeweils individuellen Bedürfnisse, Interessen und Kompetenzen:

> *„Ist bis auf weiteres oder auch in Zukunft ein Kindergarten nötig, so lasse man ihn ein Platz für die Kinder sein, wo diese dieselbe Freiheit wie Kätzchen oder Hündchen haben, für sich selbst zu spielen, sich selbst etwas auszudenken, und wo sie nur mit Mitteln versehen werden, etwas auszuführen, und mit Kameraden, um mit ihnen zu spielen. Man lasse eine kluge Frau daneben sitzen und zusehen, und nur dann eingreifen, wenn die Kinder im Begriffe sind, sich selbst oder einander Schaden zuzufügen; sie gebe ihnen hier und da eine Handreichung, erzähle ihnen ein Märchen oder lehre sie ein lustiges Spiel, aber sei im übrigen anscheinend ganz passiv, jedoch unermüdlich aktiv in der Beobachtung der Charakterzüge und der Anlagen, die das Spiel nur in dieser freien Form offenbart" (Key 1905, 148).*

Erziehende sollten Kinder in ihrem Handeln beobachten und individuell begleiten, damit sie ihre eigene Persönlichkeit frei entwickeln und autonom entscheiden können, mit welchen Themen, Gegenständen, Spielen usw. sie sich beschäftigen wollen, was ihre Interessen sind und wie sie ihr Handeln wie auch ihre Lebenstätigkeiten ausgestalten.

> *„Der neue Erzieher wird durch planmässig geordnete Erfahrungen das Kind stufenweise lehren, seinen Platz im grossen Zusammenhang des Daseins und seine Verantwortung gegen alles, was es umgiebt, einzusehen, während andererseits keine der individuellen Lebensäusserungen des Kindes unterdrückt werden soll, insofern sie nicht dem Kinde selbst oder anderen zum Schaden gereicht" (Key 1905, 73).*

Trotz dieser Kritik am Kindergarten und der Entwicklung von Vorstellungen für eine veränderte Bildungs- und Erziehungspraxis erschien für Ellen Karolina Sophie Key nur die Familienerziehung ein idealer Rahmen zu sein, um Kindern ein „gutes" Aufwachsen zu ermöglichen.

Kleinkinderschule: Ellen Key lehnte eine öffentliche Schule für kleine Kinder ab, da hier ebenfalls die Gruppen zu groß seien und durch die teilweise sehr abstrakten Unterrichtsmaterialien und -inhalte ein Bezug zur Lebenswirklichkeit nicht hergestellt werde. Die Kleinkinderschule sollte in die Familien verlegt werden, da nur in Familien das Wissen vermittelt werde, welches der kindlichen Persönlichkeit und Individualität gerecht werden könne. Lediglich Familien seien in der Lage, ausreichend Möglichkeiten zum Selbststudium zur Verfügung zu stellen, um die jeweils individuellen kindlichen Talente und Neigungen zu befördern. Ellen Karolina Sophie Key distanzierte sich von den allgemeinen Vorstellungen einer grundlegenden Bildung, da sie der Auffassung war, dass Wissen spezialisiert werden solle. Kinder müssten nicht in allen Wissensgebieten über tiefergehende Kenntnisse verfügen, sondern nur in den Bereichen Sprache, Mathematik, Geografie, Geschichte. Auch sollten sich die Lehr- und Lerninhalte auf die individuellen Interessen der Kinder konzentrieren, bspw. auf maximal zwei Themenbereiche pro Fach. Das Wissen aus den einzelnen Fachgebieten sollte stärker miteinander vernetzt werden. Durch Exkursionen und den Wechsel von didaktischen Methoden sollte in der Vermittlung von Spezial- und Nebenwissen unterschieden werden.

> Ellen Karolina Sophie Key entwickelte eine naturalistische Pädagogik „vom Kinde aus“ und für das Kind. Das Kind, seine Persönlichkeitsentwicklung, seine Möglichkeiten zur Selbstbildung stehen im Mittelpunkt der Erziehungs- und Bildungsbemühungen.

Vielfach werden die theoretischen Überlegungen von Ellen Karolina Sophie Key als sehr realitätsfern kritisiert und es wird behauptet, dass ihre reformpädagogischen Bestrebungen und programmatischen Ideen zur Autonomie und Selbstbildung von Kindern ausschließlich in bürgerlichen Familien umsetzbar seien. In Erziehungs- und Bildungsprozessen werde die idealistische Vorstellung eines dialogischen Interaktionsprozesses von Erziehenden (welche auch fehlbar sind) und dem Kind nicht ausreichend reflektiert. Trotz dieses Ideals einer freiheitlichen Erziehung und Bildung weist Ellen Karolina Sophie Key auch immer wieder auf die Notwendigkeit von Begrenzungen im Erziehungsgeschehen (Erlernen von Gehorsam, Unangemessenheit des Eigenwillens usw., ebd.) als auch mögliche Rechtfertigungen autoritärer Momente hin. Gleichfalls finden sich in ihren Schriften dem Sozialdarwinismus wie auch der Eugenik zurechenbare Gedankengänge.

Ebenfalls ist anzumerken, dass sich die Familien der Arbeitermilieus eine häusliche Erziehung und Bildung ihrer Kinder weder finanziell noch im Hinblick auf die Generierung und Vermittlung von Wissen leisten konnten. Auch die starke Fokussierung der Aneignung von praktischem Wissen, von emotional-affektiven Bildungselementen als ideale pädagogische Vermittlungsinhalte kann durchaus infrage gestellt werden. Jedoch konnte sie durch ihre Überlegungen und Denkmodelle einen starken Impuls setzen, um über gesellschaftliche und familiäre Zurichtungsprozesse im Kindesalter nachzudenken. Die starke gesellschaftliche Fokussierung auf eine „funktionale“ Ausrichtung der Lehr- und Lernprozesse in der Kindheit und auf die Ermöglichung von linearen kindlichen Entwicklungsverläufen wurde zunehmend diskutiert. Aber auch der vermehrte fürsorgliche Zugriff auf Kinderleben, welcher sich u.a. in der manifesten Gestaltung der Kindheitsphase als Schutz- und Schonraum zeigt, und die daraus resultierende Ordnung der Struktur- und Lebensbedingungen von Kindern und ihren Familien wurden zunehmend infrage gestellt.

Literatur zum Weiterlesen:

KEY, Ellen (autorisierte Übertragung von Francis Maro) (1905): Das Jahrhundert des Kindes. Studien von Ellen Key. Berlin.

MANN, Katja (2004): Ellen Key. Ein Leben über die Pädagogik hinaus. Darmstadt.

3.2 Waldorfpädagogik: Rudolf Steiner (1861 – 1925)

Rudolf Steiner war ein österreichischer Publizist, Esoteriker und Vortragsredner. Er begründete mit seinen Überlegungen die anthroposophische Bewegung, die zu veränderten Auffassungen wie auch Denkmodellen in der Architektur, Medizin und Pädagogik (die sogenannte Waldorfpädagogik) führte. Im Kontext der sogenannten „Anwendungs-Anthroposophie" entstand die biologisch-dynamische Landwirtschaft, die Bewegungskunst (Eurythmie) und eine christliche Kirche, „Die Christengemeinschaft", welche 1922 in Dornach (Schweiz) begründet wurde. Geboren wurde Rudolf Steiner 1861 in Kraljevec (Königreich Ungarn, heute Kroatien). Er wuchs unter kleinbürgerlichen Verhältnissen in einer Bahnbeamtenfamilie auf. Sein Vater ging davon aus, dass sozialer Aufstieg durch Bildung möglich sei, und ermöglichte ihm den Besuch der Realschule in der Wiener Neustadt. Anschließend konnte Rudolf Steiner durch ein Stipendium an der Technischen Hochschule Wien Mathematik und Naturwissenschaften für das Lehramt an Realschulen studieren. Dieses Studium schloss er nicht ab, jedoch belegte er philosophische, literatur- und geschichtswissenschaftliche Seminare und Vorlesungen an der Wiener Universität. Nach seiner Studienzeit arbeitete er als Haus- und Nachhilfelehrer (Steiner 1925). Da er aufgrund seines fehlenden Studienabschlusses nur in

Deutschland eine wissenschaftliche Laufbahn anstreben konnte, reichte er seine Dissertationsschrift zunächst an der Universität Jena ein, jedoch erfolglos. Die philosophische Fakultät der Universität Rostock nahm seine 48-seitige Schrift an und promovierte ihn zum Dr. phil. (Note „rite"). Ein späterer Habilitationsversuch scheiterte.

Rudolf Steiner verdiente seinen Lebensunterhalt als Vortragsredner und Herausgeber sowie als Mitarbeiter im Goethe- und Schiller-Archiv in Weimar. Er veröffentlichte mit Otto Erich Hartleben in Berlin ein „Magazin für Literatur" und unterrichtete an einer Arbeiterbildungsschule. 1899 heiratete er die Witwe Anna Eunicke und begründete die Anthroposophische Gesellschaft (1912). 1904 trennte sich das Paar. Mit dem Umzug nach Dornach (Schweiz) konnte er den Bau eines Goetheanums (1913) (Veranstaltungsstätte und Zentrum der Anthroposophischen Gesellschaft, heute Sitz der Anthroposophischen Gesellschaft) initiieren. Er heiratete 1914 seine engste Mitarbeiterin Marie von Sivers, eine deutsch-russische Schauspielerin.

Die erste Freie Waldorfschule wurde 1919 in Stuttgart als Betriebsschule für die Arbeiterkinder der Waldorf-Astoria-Zigarettenfabrik gegründet. Ganz im Sinne der zentralen Grundlagen der Waldorfpädagogik sollten Kinder fern von staatlicher Kontrolle und ohne Leistungsdruck erzogen und gebildet werden. Im Jahr 1921 wurde die Pharmafirma Weleda AG begründet, die bis heute anthroposophische Arzneimittel, kosmetische Produkte u.v.m. herstellt. Rudolf Steiner hat 42 Bücher publiziert und mehr als 6.000 Vorträge ausgearbeitet und öffentlich vorgetragen. Sie werden seit 1908 im Philosophisch-Anthroposophischen Verlag, Berlin, veröffentlicht. Als seine wichtigsten Schriften gelten:

„Die Philosophie der Freiheit: Grundzüge einer modernen Weltanschauung" (1894),
„Allgemeine Menschenkunde als Grundlage der Pädagogik: Menschenkunde und Erziehungskunst. Ein pädagogischer Grundkurs" (1919),

„Die Erziehung des Kindes vom Gesichtspunkte der Geisteswissenschaft. Die Methodik des Lehrens und die Lebensbedingungen des Erziehens“ (1907) (Aufsatz).

Bis heute sollen weltweit mehr als 1.100 Waldorfschulen entstanden sein, welche ihre pädagogischen Konzeptionen an den Grundlegungen zur Erziehung und Bildung von Rudolf Steiner orientieren. Durch Helmut von Kügelgen wurde 1969 die Internationale Vereinigung der Waldorfkindergärten begründet, welche aktuell mehr als 1.800 Kindergärten, Kindertageseinrichtungen, Kinderkrippen und ähnliche Einrichtungen bündelt.

Rudolf Steiner hat kein festes pädagogisches Programm geschaffen. Seine spirituellen und esoterischen Kerngedanken werden in Programmen zur anthroposophischen (auch theosophischen = Weisheit des Menschen) Ausbildung und als Erkenntnisweg vermittelt. Zentral ist dabei die Vorstellung von der „Dreiheit des Menschen“ (Leib, Seele und Geist) sowie der vier Wesensglieder, die die Gesamtheit des Menschen ausmachen (Steiner 1925):

- physischer Leib,
- „Ätherleib“, auch Lebensleib oder Bildekräfteleib,
- „Astralleib“, auch Trieb- und Empfindungsleib,
- Ich bzw. der Ich-Träger als dessen äußerer leiblicher Ausdruck.

Durchdrungen sind diese Gedanken zur Entwicklung des Menschen von der spirituellen Vorstellung der Reinkarnation und des Karmas, da

> *„der Mensch wiederholt Leben auf der Erde durchlebt, das Kind nicht zum erstenmal geboren wird. Es war schon oft da“ (Steiner 1906, 41).*

Rudolf Steiner geht in seinen Überlegungen davon aus, dass die geistige Substanz des Menschen unsterblich ist und dass der Mensch sich in einer neuen „Inkarnation“ weiterentwickeln kann. Für sein Schicksal ist daher der Mensch selbst verantwortlich, d.h. er hat die Aufgabe, sein Leben selbst zu gestalten. Erziehende sollten demzufolge den Kindern dabei helfen, ihre Individualität zu entdecken und zu entfalten, dafür sind besondere anthroposophische Schulungs- und Erkenntniswege entwickelt worden.

> *„Daher fordert die Theosophische Pädagogik nicht bloss intellektuelles Wissen, pädagogische Grundsätze und Einsichten bei dem Erzieher, sondern sie fordert, dass man solche Menschen dazu wählt, die durch ihre natürlichen Anlagen versprechen, eine Autorität zu werden" (Steiner 1906, 40).*

Die Entwicklungsstadien des Menschen hat Rudolf Steiner nach Altersstufen eingeteilt (ebd.):

1 bis 7 Jahre: Die Phase des Vorbilds. Die Ausbildung der kindlichen Sinnesorgane ist in dieser Altersspanne zentral. Erziehende sollen die kindliche Sinnestätigkeit befördern und die Lernfähigkeit von Kindern unterstützen. Sie sind Vorbilder für die Kinder. Die Vermittlung von Gefühlen und Gedanken sind in dieser Zeit das wichtigste Erziehungsmittel.

7 bis 15 Jahre: Die Phase der Autorität. In dieser Altersphase entstehen das Gedächtnis, die bleibenden Gewohnheiten, das Temperament, die Neigungen, die bleibenden Begierden, der Grundstock für den Charakter, die Sinne für Kreativität, Kunst und Musik.

Ab 15 Jahre: Die Phase des selbstständigen Urteils. In dieser Altersphase entsteht neben der Geschlechtsreife auch die Fähigkeit zum selbstständigen Einordnen, Bewerten und Beurteilen von Sachverhalten, Problem- und Konfliktstellungen (Steiner 1906, 39).

Analog zu diesen Entwicklungsstadien wurden für die frühe Kindheit folgende zentrale Prämissen festgelegt, an denen sich die frühkindliche Bildung und Erziehung orientieren soll:

Vorbild und Nachahmung: Eine zentrale Leitfigur der Vermittlung von Erziehungs- und Bildungsinhalten ist die Annahme, dass Kinder alles, was sich in ihrer Umgebung abspielt, mit allen Sinnen wahrnehmen und dass sie ihre Vorbilder (Erwachsene und Gleichaltrige) nachahmen, bspw. durch Mimik, Gestik, Bewegungen, die Übernahme von Sprache oder alltäglichen Handlungen.

Spiel und Spielzeug: In der Waldorfpädagogik werden den Kindern vorwiegend einfache Gegenstände zur Ausgestaltung und Weiterentwicklung ihrer *natürlichen* Handlungen und Aktivitäten, ihres *natürlichen* Drangs, sich Dinge anzueignen, zur Verfügung gestellt. Ziel der Erziehungsprozesse soll es sein, die Fantasie der Kinder anzuregen und ihnen die Möglichkeiten einzuräumen, eigenständig und kreativ die weitgehend *natürlichen* Gegenstände zum Spielen, Lernen, Austauschen usw. zu nutzen. Verwendet werden sollen bspw. Tücher, Bretter, Holzklötze, Körbe, Muscheln, Steine, Kastanien, Tannenzapfen. Ebenso ist etwa die Puppenstube nur mit einfachen praktischen Dingen wie Nadel, Faden, Wolle, Stühlen, Tischen und einem Spieleständer ausgestattet.

Ernährung: Schon früh wurde in der Waldorfbewegung über adäquate Lebensmittel, den sinnvollen Ge- und Verbrauch von natürlichen Ressourcen sowie landwirtschaftliche Anbaumethoden diskutiert. Ökologisch nachhaltig produzierte Lebensmittel, regionale und soziale Herstellungsbedingungen sowie die Schonung von Ressourcen sind relevante Rahmenbedingungen für die Vermittlung von ökologischen Erziehungs- und Bildungsinhalten durch die Erwachsenen und Gleichaltrigen. Die Ernährung soll vollwertig sein und ganzheitlich aus Produkten des biologisch-dynamischen Landbaus („Demeter" oder Bio-Lebensmittel) bestehen.

Kleidung: Die Kleidung soll funktional, bequem, schadstofffrei und möglichst naturbelassen hergestellt worden sein. Neben umweltfreundlichen Materialien sollen bei der Herstellung auch soziale Aspekte sowie ein niedriger Ressourcenverbrauch (bspw. Wasser, Energie oder auch die Verwendung von mechanischen Verfahren) berücksichtigt werden.

Raumgestaltung: Zur Ausstattung und Gestaltung der Räume, in denen Erziehungs- und Bildungsprozesse stattfinden, werden vorwiegend Naturmaterialien verwendet. Aspekte der Nachhaltigkeit, bspw. durch ökologisches Bauen oder die Verwendung von Naturbaustoffen, sind zentral. Die Gegenstände und Spielgegenstände in den Räumen sind klar und übersichtlich angeordnet. Vielfach werden die Wände in den Kindergärten, Kindertagesstätten usw. zartrosa gestaltet, um den Kindern Geborgenheit zu vermitteln. Es wird davon ausgegangen, dass diese Farbgebung die Kinder an ihre embryonale Phase erinnert. Aber auch die Außengestaltung der Gebäude ist von großer Bedeutung. Durch einen Garten, der von den Kindern bewirtschaftet wird, soll es möglich sein, Sinneseindrücke zu verstärken. Der Garten ist so angelegt, dass dieser es den Kindern erlaubt, unterschiedliche sensorische Erfahrungen zu machen. Es gibt bspw. warme und kühle Plätze, Flächen mit Sand, der nass und trocken ist. Die tages- und jahreszeitenabhängigen Licht- und Schattenverhältnisse sollen sich in der Gestaltung des Gartens widerspiegeln, um umfassende Naturerfahrungen realisieren zu können – auch durch die gezielte Anordnung von verschiedenen Gras-, Baum-, Busch- und Strauchgewächsen.

Sprachvermittlung: Die Erziehenden haben die Aufgabe, Märchen zu erzählen, Reigen sowie ausgewählte Verse und Lieder zur Jahreszeit zu sprechen und zu singen. Diese zumeist lyrischen Texte werden durch sinnvolle Gesten begleitet und möglichst mit freiem rhythmischem Spiel sowie Bewegungen ausgestaltet. Dabei ist der Wechsel von Sprache, Musik und Gegensätzlichkeiten in der Gestaltung (also laut – leise, groß – klein, ruhig – bewegt) ebenso zentral wie Wiederholungen und der Bezug zu religiösen Ereignissen oder dem Rhythmus der Tages- und Jahresverläufe. Ziel ist es, den Kindern die sensorische Integration (Koordination, das Zusammenspiel unterschiedlicher Sinnesreize und -systeme) zu ermöglichen.

Diese hier in den Grundzügen vorgestellten ganzheitlichen Erziehungs- und Bildungsideale entlang anthroposophischer Prinzipien wurden schon zu Beginn des 20. Jahrhunderts formuliert und haben sich immer weiter ausdifferenziert.

> Rudolf Steiner forderte, dass nicht nur intellektuelles Wissen, pädagogische Grundsätze und Einsichten die professionelle Tätigkeit der Erziehenden bestimmen sollen, sondern dass nur solche Menschen ausgewählt und weitergebildet werden sollen, die immer wieder nach neuen Gestaltungsmöglichkeiten in der Erziehung und Bildung suchen, um spielerisch-entdeckendes, intrinsisches, individuelles, kreatives und emotional motiviertes Lernen zu befördern.

Geblieben sind metaphysische (bisherige empirische Erfahrungen überschreitende), teilweise esoterische und religiöse, soziale und ökologische Rahmungen des Erziehungs- und Bildungsgeschehens in Waldorfschulen und Waldorfkindergärten, die oftmals jedoch durch sehr rigide Prinzipien wie bspw. Nutzungsverbote von sozialen Medien, Kleidungs- und Ernährungsdiktate bestimmt werden. Die Umsetzung der anthroposophischen Bildungs- und Erziehungsideale erfolgt in Waldorfschulen und Waldorfkindergärten durchgängig im Kontext von freien (nichtstaatlichen) Trägerschaften. Diese Organisationsformen haben es möglich gemacht, der staatlichen Bevormundung und Verzweckung von Erziehung zu Bildung zu entgehen und den Anspruch der Verminderung sozialer Privilegierungen scheinbar umzusetzen. Jedoch zeigen die hohen Kosten und die permanente Einbeziehung der Mütter und Väter in die konzeptionelle, soziale und räumliche Ausgestaltung der Erziehungs- und Bildungsangebote in den Waldorfschulen und Waldorfkindergärten eine andere Realität. Gleichzeitig werfen die Ergebnisse von Studien und Langzeitbegleitungen der Absolvent*innen ein anderes Licht auf dieses „hochdifferenzierte Milieu“. Absolvent*innen der Waldorfschulen üben häufig eine Tätigkeit in Berufsfeldern aus, in denen Kreativität, soziales Engagement und Miteinander, Achtsamkeit und Nachhaltigkeit eine große Rolle spielen. Gleichzeitig gibt es immer wieder überaus kritische Auseinandersetzungen mit den anthroposophischen Erziehungs-, Bildungs- und Lebensgrundsätzen, in denen die Vielschichtigkeit der konkreten Ausprägungen und die Ausgestaltung der pädagogischen Überlegungen Rudolf Steiners oftmals sehr unterschiedlich bewertet wird. Das anthroposophische Erziehungs- und Bildungsgeschehen an Waldorfkindergärten und Waldorfschulen wird teilweise von Akteur*innen, die sich eher dem linken, bürgerlichen, grünen Milieu zugehörig fühlen, durch sehr offene Vorstellungen von kindlicher Freiheit und Autonomie bestimmt, andererseits aber auch von Vertreter*innen der Waldorfpädagogik mit sehr autoritären Einstellungen zur konkreten Ausgestaltung des pädagogischen Alltags.

Literatur zum Weiterlesen:

ZEITSCHRIFT FRÜHE KINDHEIT, Verlag freies Geistesleben. Stuttgart.

STEINER, Rudolf (1894): Die Philosophie der Freiheit: Grundzüge einer modernen Weltanschauung. Berlin.

STEINER, Rudolf (1919): Allgemeine Menschenkunde als Grundlage der Pädagogik: Menschenkunde und Erziehungskunst. Ein pädagogischer Grundkurs: Schulungskurs für die Lehrer der ersten Waldorfschule (Rudolf Steiner Online-Archiv) http://anthroposophie,byu.edu.

STEINER, Rudolf (1906): Die Erziehung des Kindes (Vortrag 4): Vor dem Tore der Theosophie. Stuttgart.

STEINER, Rudolf (1907): Die Erziehung des Kindes vom Gesichtspunkte der Geisteswissenschaft. Erstveröffentlichung: „Lucifer-Gnosis", Nr. 33, Mai 1907 (GA Bd. 34, S. 309–348) (Rudolf Steiner Online-Archiv) http://anthroposophie,byu.edu.

STEINER, Rudolf (1925): Mein Lebensgang. Eine nicht vollendete Autobiographie, mit einem Nachwort, hg. von Marie Steiner. Dornach (Schweiz).

STEINER, Rudolf (2010): Gesammelte Werke. Schriften und Vorträge zu Pädagogik, Philosophie, Politik, Medizin, Geschichte und Kunst. Berlin.

3.3 Das Kind als Akteur: Rosa Agazzi (1866–1951) und Carolina Agazzi (1870–1945)

Die italienischen Pädagoginnen Rosa und Carolina Agazzi entwickelten zu Beginn des 20. Jahrhunderts eine eigenständige Methode als auch didaktische Materialien. Rosa Agazzi wurde im Jahr 1866 in Volengo (Provinz Verona, Italien) geboren, wie auch ihre Schwester Carolina Agazzi vier Jahre später (1870). Die Vermittlung von pädagogischen Grundlegungen erfolgte in Brescia (Lehramtsstudium). Nach ihrer Ausbildung unterrichteten sie in Nave (Provinz Brescia), einem Dorf, in welchem viele Kinder unter schwierigen sozialen Verhältnissen aufwuchsen. Carolina Agazzi leitete dort einen Kindergarten mit 180 Kindern, der in einem Stall untergebracht war. Rosa Agazzi unterrichtete im Obergeschoss 73 Grundschüler*innen im Alter zwischen sechs und zwölf Jahren. Die Räumlichkeiten waren klein, stickig, die Schreibtische veraltet und Lehrmaterialien waren nicht vorhanden. Die Kindergruppen waren sehr groß und weder der gesundheitliche noch der soziale Zustand vieler Kinder konnten als „gut" bezeichnet werden.

Einschneidend für die weitere Entwicklung der pädagogischen Grundannahmen von Rosa und Carolina Agazzi war ihre Teilnahme am Kongress für Kindergärtnerinnen (1891). Dieser gab den Anstoß für die Entwicklung ihrer pädagogischen Ideen. Im Jahr 1896 gründeten sie einen Modellkindergarten, die „Casa de Bambini in Mompiano", ein sogenanntes „Kinderhaus" für Kinder aller sozialen Milieus, um eine neue Form der frühkindlichen Erziehung und Bildung zu begründen. Rosa und Carolina Agazzi entwickelten auf der Grundlage ihrer Beobachtungen und deren Reflexionen einen Lehrplan, Lehrunterlagen und didaktische Materialien (hauptsächlich Alltagsgegenstände, die in jedem sozioökonomischen Kontext verwendet werden konnten), und zwar in klarer Abgrenzung zu den Überlegungen von Friedrich Fröbel. Ihre wichtigsten Werke, deren thematische Grundlegungen bis heute für die Kindheitspädagogik von Bedeutung sind, können wie folgt aufgeführt werden:

„La lingua parlata“ (1898) (kindliche Sprachentwicklung),
„Come intendi il museo didattico dell'educazione dell'infanzia e della fanciullezza“ (1922) (eine Schrift zum Bildungsmuseum),
„Guida per le educatrici dell'infanzia“ (1929) (Leitfaden für die Kindererziehung),
„Bimbi cantate! La Scuola“ (1936) (didaktische Materialien bspw. zum Singen).

Bis heute befindet sich in Brescia ein Zentrum für Kinderpädagogik, welches für die Verbreitung und Veröffentlichung der Agazzi-Methode zuständig ist.

Leitmotivisch wurden die Überlegungen von Rosa und Carolina Agazzi von der Annahme geleitet, dass die kindliche Erfahrung und Aktivität im Mittelpunkt von Erziehungs-, Lern- und Bildungsprozessen stehen sollte. Das Kind ist zentraler Akteur und dynamischer Mitgestalter der kindheitspädagogischen Praxis. Kinder sollten in einer familiär gestalteten Umgebung aufwachsen, damit ihre Kreativität, Vitalität, Spontaneität und Handlungsfähigkeit befördert werden kann. Die alleinige Ausrichtung der Kindheitspädagogik als Vorbereitung auf die Schule wurde ebenso abgelehnt wie die ausschließliche Gestaltung der Räume, Materialien, Lern- und Bildungszusammenhänge durch Erwachsene. Die kindlichen Aktivitäten wurden als zentral für die Ausformung von Erziehungs- und Bildungsprozessen angesehen. Die Umgebung, in der die kindlichen Aktivitäten stattfinden, sollte dem alltäglichen Leben entsprechen und es sollten Materialien verwendet werden, die Teil des täglichen Lebens sind. Freie Einzelaktivitäten des Kindes werden dem kollektiven Miteinander vorgezogen, die Erzieher*innen sollten das freie kindliche Tun begleiten (angelehnt an die Vorstellung von einer idealen mütterlichen Begleitung), um dem Kind die Freiheit zu geben, Dinge für sich selbst zu tun, die Ordnung der Dinge zu begreifen und zu respektieren. In der Zusammenarbeit mit anderen (auch Erwachsenen) lernt und bildet sich das Kind. Rosa und Carolina Agazzi haben dazu die Methode der gegenseitigen Unterweisung entwickelt. Das erfahrenere und reflektiertere Kind gibt Informationen und Anleitungen an andere Kinder weiter, diese helfen und unterrichten mit.

Zwei Prinzipien lagen der Agazzi-Methode zugrunde:

1. Die anthropologische Annahme, dass das Kind von Natur aus aktiv und lernwillig ist.
2. Die Überzeugung, dass in Erziehungs- und Bildungsprozessen nicht nur eine einzelne kindliche Fähigkeit in den Blick genommen werden sollte, sondern immer das Kind als Persönlichkeit und Akteur mit seinen jeweils spezifischen Bedürfnissen, Kompetenzen, Lernrhythmen und potenziellen Möglichkeiten.

Die Agazzi-Methode konzentrierte sich auf folgende Aspekte:

1. Die intuitive Methode: Die zentrale Grundannahme war, dass Kinder intuitiv lernen, sie aber immer in alltägliche Lebenszusammenhänge eingebunden sein sollten. Die Erziehungs- und Bildungsprozesse wurden indirekt gestaltet, um auf die kindliche Spontanität und Kreativität reagieren zu können. Es wurden zwar von den Erziehenden Lern- und Bildungsumgebungen sowie -situationen vorbereitet, jedoch nur insoweit, als dass eine direkte und spontane Förderung von Erfahrungen bei den Kindern durch Tun und Beobachten möglich war.

2. Die Didaktik: Die zielgerichtete und reflektierte Verwendung von realistischen Objekten stand im Mittelpunkt der Ausgestaltung kindlicher Lehr- und Lernprozesse, bspw. durch das didaktische Museum (auch Museum der Armen genannt). Zentraler Bezugspunkt des Lerngeschehens waren die Gegenstände, die Kinder und Erzieher*innen sammelten, um diese als Bildungsinhalte zu verwenden. Die gesammelten Objekte sollten einfach sein, für Kinder attraktiv, als Lerngegenstand oder zum Spiel eingesetzt werden können wie bspw. Schnüre, Rollen und Kieselsteine als sogenannter „Schrott ohne Patent“. Das didaktische Material wurde nicht vorab zusammengestellt und festgelegt. Ziel war es, Wissen über Farben, klare Formen, Größen, Volumen in einem gegenseitigen Austausch zu vermitteln. Die Erziehenden entwickelten und benutzten Zeichnungen oder Symbole (sogenannte Passwörter), um Objekte oder Personen zu beschreiben und um es den Kindern zu ermöglichen, die Dinge und die räumlichen Bedingungen zu ordnen, gruppieren, klassifizieren und zu differenzieren.

3. Denken und Handeln: Die Erziehungs- und Bildungsprozesse sollten sich an alltäglichen praktischen Aktivitäten orientieren wie bspw. Körperpflege, Tischvorbereitung, Gartenarbeit, Pflege von Tieren, Traditionen, Jahreszeiten, der Erforschung der Welt usw. Neben Hygienemaßnahmen werden auch ästhetische Bildungselemente, ästhetisches Empfinden (Harmonie, Geschmack, Schönheit, Geist der inneren Disziplin) sowie die Entwicklung von Ordnungsprinzipien in den Mittelpunkt der Anregungen durch Erziehende und Gleichaltrige gestellt. Kinder sollten ihre Sinneswahrnehmungen weiterentwickeln und ein positives Umweltbewusstsein entwickeln. Durch die Beförderung von Bauaktivitäten wie Zeichnen und Handeln oder auch durch das Lesen von Geschichten sollten die Kinder angeregt werden, ihre geistigen und moralischen Fähigkeiten zu steigern.

- *Sensorische Bildung:* Die sensorische kindliche Bildung wurde durch die Sortierung, Einteilung und den Vergleich von Farben, Materialien und Formen von Objekten befördert.
- *Intellektuelle Bildung:* Die intellektuelle Bildung basierte auf der kindlichen Erforschung der Welt sowie ihrer natürlichen Wahrnehmung von Dingen und Ordnungen.
- *Sinnesbildung:* Die kindliche Sinnesbildung wurde durch die Ausübung von Religion, Sport wie auch moralischer Erziehung angeregt und soll Aggressivität und negativem Handeln vorbeugen.

4. Das Kinderhaus (oder der Kindergarten): Den Kindern sollte im „Kinderhaus" ein soziales Umfeld geboten werden, angelehnt an Vorstellungen von „idealen" häuslichen Lebensgemeinschaften. Neben der Vermittlung, der kindlichen Beförderung und Motivierung zu Lern- und Bildungsprozessen wurde die affektiv-kognitive Beziehung zu den Erziehenden als zentral angesehen. Es sollte möglichst nur eine Erzieherin wichtige Bezugs- und Vertrauensperson sein, um den Kindern Gefühle von Sicherheit und Geborgenheit zu vermitteln.

5. *Sprache, Gesang und Spiel:* Grundlegend für die Begünstigung kindlicher Aktivitäten war die Vermittlung und Beförderung von Sprache, Gesang und Spiel. Dazu wurden von den Agazzi-Schwestern Sprachübungen mit dem Ziel entwickelt, das Lernen von Wörtern nicht zu vereinfachen, sondern es sollten komplexe Sachverhalte vermittelt werden. Unterschiede zwischen Namen und Objekten vermögen Kinder zu benennen und weiter auszudifferenzieren. Gesangsspiele in Verbindung mit Übungen zum Körperrhythmus sollten im Sinne natürlicher kindlicher Aktivitäten spontanes Lernen ermöglichen. Durch das Medium Spiel galt es, die Kinder zu motivieren, zu amüsieren und zur Vermittlung von Werten und Bildungsinhalten anzuregen.

> Rosa und Carolina Agazzi gingen davon aus, dass Kinder von Natur aus aktiv und lernwillig sind. Kinder sind Akteure und haben jeweils individuelle sowie spezifische Bedürfnisse, Kompetenzen, Lebens- und Lernrhythmen. Sie können Erziehungs- und Bildungsprozesse mitgestalten.

Die Erziehungsmethode der Agazzi-Schwestern Rosa und Carolina ist im Kontext der pädagogischen Strömungen im Italien des 20. Jahrhunderts entstanden. Kern ihrer Ideen war es, dass die kindliche Aktivität und Erfahrung im Mittelpunkt von Lern- und Bildungsprozessen stehen sollen und dass Kinder die zentralen Akteure im Erziehungsprozess sind. Das pädagogische Denken und Handeln der Erziehenden hat sich an der kindlichen Vitalität und Spontaneität zu orientieren und Kinder aller sozialen Milieus miteinzubeziehen. Durch die Verwendung von weitgehend natürlichen und realen Elementen als didaktische Materialien anstelle von künstlichen und geometrischen Artefakten sollte die Neugierde und Kreativität der Kinder befördert werden. Rosa und Carolina Agazzi kritisierten und distanzierten sich in der kindheitspädagogischen Ausrichtung ihrer theoretischen Bestimmungen ganz eindeutig von dem bisherigen Symbolismus und Formalismus der frühen Kindheitserziehung (bspw. bei Friedrich Fröbel oder Maria Montessori). Aber in den Überlegungen zur Erziehung und Bildung der Agazzi-Schwestern wird eine ordnungspolitische Dimension sichtbar. Neben der Familie sollten staatliche Institutionen die Aufgaben der Versorgung von Kindern übernehmen, um somit bestehende soziale Hierarchien zu erhalten.

Literatur zum Weiterlesen:

AGAZZI, Rosa (1942): Guida per le educatrici dell'infanzia. La scuola. Brescia.

BÖHM, Winfried (2012): Die Reformpädagogik, Montessori, Waldorf und andere Lehren. München.

3.4 Die kosmische Erziehung: Maria Montessori (1870 – 1952)

Maria Montessori war eine italienische Ärztin und Reformpädagogin. Sie wurde in Chiaravalle bei Ancona (Italien) in eine großbürgerliche Familie hineingeboren. Ihr Vater arbeitete im Finanzministerium und leitete eine staatliche Tabakfabrik. Maria Montessori besuchte eine technische Oberschule und wollte Medizin studieren, wurde aber von der Hochschule abgelehnt. Daher studierte sie zunächst Naturwissenschaften und anschließend Medizin, später noch Experimentalpsychologie, Anthropologie und Pädagogik. 1896 promovierte sie an der Universität in Rom über „Antagonistische Halluzinationen“ und war somit die erste Frau in Italien, die einen Doktortitel in Medizin erlangte. Schon während des Studiums arbeitete sie als Assistentin an einer psychiatrischen Klinik in Rom und spezialisierte sich auf Kinderheilkunde. Ihr besonderes Interesse galt geistig behinderten Kindern, die vielfach verwahrlost waren.

Sie entwickelte spezielle didaktische Materialien zum Sprach- und Mathematikunterricht. 1898 wurde ihr Sohn Mario geboren. Sie entschied sich gegen die Ehe und Mutterschaft und gab ihren Sohn in eine Pflegefamilie. Im Jahr 1907 eröffnete sie das erste Kinderhaus „casa dei bambini“ in San Lorenzo, einem römischen Arbeiterviertel. Nach und nach wurden weitere Kinderhäuser eröffnet, später auch Schulen. Von 1909 an hielt sie erste Ausbildungskurse für Erzieher*innen ab und verbreitete ihre Überlegungen sowohl durch Vortrags- und Ausbildungsreisen als auch die Veröffentlichung ihrer zentralen Schriften:

> „Il metodo della pedagogia scientifica“ (Selbsttätige Erziehung im frühen Kindesalter) (1909),
> „Die Selbsterziehung des Kindes“ (Die Lebensschule) (1923),
> „Il segreto dell'infanzia“, dt.: Kinder sind anders (1938/1950; 9. Aufl. 1966)
> Dr. Montessoris own handbook (1914), dt.: Mein Handbuch (1922; 2. Aufl. 1928).

Mit Unterstützung des italienischen Politikers und faschistischen Präsidenten Benito Amilcare Andrea Mussolini (1883–1945) wurden ihre pädagogischen Prinzipien und Methoden in allen italienischen Schulen eingeführt.

Die Montessori-Pädagogik gilt mit als eines der ersten reformpädagogischen Bildungsangebote, welche sich vorrangig an Perspektiven und Sichtweisen von Kindern, ihren Wahrnehmungen und Deutungen von sozialen Umwelten orientierten. Wesentlich gekennzeichnet sind die pädagogischen Überlegungen von Maria Montessori durch ein humanistisches Menschenbild, welches sich auch in ihrem zentralen Prinzip des „Hilf mir, es selbst zu tun“ widerspiegelt. Kinder sollen in ihrer Persönlichkeit geachtet, ganzheitlich unterrichtet und als vollwertige Menschen betrachtet werden. Ziel war es, Kinder selbstständig und unabhängig lernen und arbeiten zu lassen. Maria Montessori bündelte ihre theoretischen Grundgedanken in ihren Überlegungen zur „kosmischen Erziehung“. Sie vertrat die Ansicht, dass sich kindliche Bildungsprozesse durch die Vermittlung von naturkundlichem und gesellschaftlichem Wissen, musischen, kulturellen, sozialen und praktischen Fähigkeiten und Fertigkeiten wie auch körperlicher Bewegungen ereignen sollten.

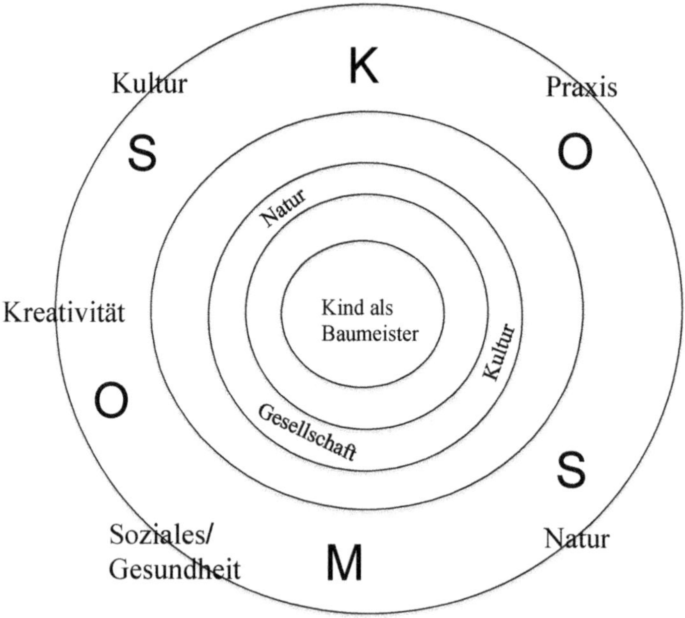

Abbildung 6: Die kosmische Erziehung nach Maria Montessori (eigene Darstellung)

Diese Grundgedanken von Maria Montessori lassen sich unter folgenden Kernaspekten zusammenfassen:

Freiarbeit: Kinder sollen ihren Willen frei entwickeln, sie sollen frei und selbstständig entscheiden, denken und handeln können. Demzufolge benötigen Kinder Raum für ihre Entscheidungen.

Vorbereitete Umgebung: Die Lern- und Bildungsräume werden durch Erwachsene vorbereitet. Sie sind den kindlichen Bedürfnissen anzupassen und sollen den Kindern Möglichkeiten bieten, sich optimal zu entwickeln.

Absorbierender Geist: Kinder nehmen relevante Aspekte ihrer Umgebung wahr und können diese einordnen. Maria Montessori nennt dies das „Absorbieren" von Gewohnheiten, beispielsweise in Sprache, Kultur, Natur und Religion.

Polarisation der Aufmerksamkeit: Kinder sollen die Möglichkeit erhalten, sich voll und ganz auf die Beschäftigung mit einem Lern- oder Bildungsgegenstand zu konzentrieren.

Montessori-Material: Maria Montessori entwickelte Arbeitsmaterialien, um die Entwicklungs- und Bildungsprozesse von Kindern optimal anregen zu können. Dies waren bspw. Sinnesmaterialien, Übungen zur Aneignung von alltäglichen Aufgaben wie aufräumen, waschen usw. Ergänzt durch Mathematik- und Sprachmaterialien oder auch die Materialien zur „kosmischen Erziehung" war es Ziel, ein

> *„System von Gegenständen, die nach bestimmten physikalischen Eigenschaften der Körper wie Farbe, Form, Maße, Klang, Zustand von Rauheit, Gewicht, Temperatur usw. geordnet sind"*, zu entwickeln (Montessori 1969, 114).
> *„Jede Gruppe verfügt über die gleiche Eigenschaft, jedoch in verschiedenen Abstufungen, bei der sich der Unterschied von einem Gegenstand zum anderen gleichmäßig verändert und, wenn möglich, mathematisch genau festgelegt ist. Es wird nur ein Material ausgewählt, das sich erfahrungsgemäß für die Erziehung eignet, das kleine Kinder tatsächlich interessiert und bei einer spontanen und wiederholt ausgesuchten Übung beschäftigt"* (ebd.).

Die Materialien sollen manuelle Erfahrungen und Tätigkeiten ermöglichen und damit die geistige Entwicklung der Kinder anregen.

Diese sollten mit den Arbeitsmaterialien selbstständig umgehen, ihre Lernerfolge kontrollieren, sich selber Ziele setzen und Lösungen finden sowie Fehler erkennen und korrigieren. Die Materialien besitzen Aufforderungscharakter und sollen die Kinder zur Selbstnutzung anregen wie bspw. farbige Zylinder, der rosa Turm, die braune Treppe, die roten Stangen, geometrische Karten und die Kommode, Farbtäfelchen, Geräusch- und Geruchsbüchsen, Gewichtstäfelchen usw.

Altersmischung: Die Kinder in den Lerngruppen werden nach Altersgruppen gemischt. So soll es den jüngeren Kindern ermöglicht werden, von den älteren Kindern zu lernen. Die älteren Kinder können durch die Vermittlungsprozesse und das gemeinsame Lernen mit den jüngeren Kindern ihr Wissen vertiefen. Maria Montessori teilte die kindliche Entwicklung in vier Phasen ein:

- *0 bis 3 Jahre:* In dieser Zeit entwickeln sich die motorischen und sprachlichen Fähigkeiten der Kinder. Sie sind besonders aufnahmefähig für alle Einflüsse der Umwelt und Sinneserfahrungen. Diese kindliche Entwicklungs- und Bildungsphase ist sehr bewegungsintensiv.
- *3 bis 6 Jahre:* Kinder nehmen ihre unbewussten Handlungen nach und nach bewusst wahr. Sie entwickeln die Möglichkeit, soziale Beziehungen zu Gleichaltrigen einzugehen. Auch diese Entwicklungs- und Bildungsphase ist sehr bewegungsintensiv.
- *7 bis 12 Jahre:* Der kindliche Aktionsradius erweitert sich deutlich. Mittlerweile sind die Kinder in der Lage, auch abstrakte Gedankengänge zu vollziehen. Sie finden eigenständige Lösungen für naturwissenschaftliche, praktische, soziale und moralische Problem- und Konfliktlagen und lösen sich teilweise von den Vorgaben der Erwachsenen.
- *12 bis 18 Jahre:* Die Unabhängigkeits- und Selbstständigkeitsentwicklung der Kinder schreitet weiter voran. Innerhalb ihrer sozialen Beziehungsgeflechte versuchen Kinder, ihre gesellschaftlichen Rollen zu verstehen und Selbstvertrauen auszubilden.

Bauplantheorie: Kinder sollten Gelegenheiten erhalten, ihren eigenen Lernbedürfnissen zu folgen (sensible Phasen) und sich nach ihrem eigenen inneren Bauplan zu entwickeln. Die kindlichen Wünsche, Rhythmen und Zeiten sind zu berücksichtigen, um es den Kindern zu ermöglichen, sich Wissen und Lerninhalte dann anzueignen, wenn sie besonders aufnahmefähig sind.

Fehlerkontrolle: Kinder sollten lernen, mit schwierigen Situationen, Problemen und Konflikten umzugehen.

*Rolle der Montessori-Erzieher*innen:* Die Montessori-Erzieher*innen sind Begleiter der kindlichen Entwicklungs- und Bildungsprozesse. Sie sollten flexibel und geduldig den Gebrauch der Montessori-Materialien vermitteln. Kinder sind ermächtigt, selbstständig zu handeln und alltägliche Kompetenzen zu erwerben wie bspw. kochen, waschen und aufräumen. Dabei ist stets zu berücksichtigen, dass die Kinder nicht nach den Auffassungen und Vorstellungen der Erzieher*innen erzogen werden dürfen, wie die Drei-Stufen-Lektion noch einmal verdeutlicht:

- *Erste Stufe,* die *sensorische Integration:* Die Lektionen der ersten Stufe sollen die kindliche Sinneswahrnehmung ausbilden, indem zum Beispiel dem Kind zwei unterschiedliche Farbgegenstände gezeigt, gegeben und erklärt werden: „Das ist rot, das ist blau".
- *Zweite Stufe,* das *haptische Lernen:* Die Lektionen der zweiten Stufe sollen das kindliche Erkennen von Materialeigenschaften ermöglichen und befördern, indem sie vor allem zum „Mitmachen" aufgefordert werden: „Gibt mir rot, gibt mir blau".
- *Dritte Stufe*, die *neurophysiologischen Grundlagen:* Die dritte Stufe soll die kindliche Erinnerung an den Lerngegenstand ermöglichen, zum Beispiel durch Fragen wie: „Was ist das? Ist das rot, ist das blau?".

> Mit der Entwicklung von didaktischen Materialien konnte Maria Montessori die kindlichen Erziehungs- und Bildungsprozesse so gestalten, dass individuelle Förderung im Gruppengeschehen sowie die Vermittlung von sozialen und praktischen Kompetenzen möglich wurde.

Durch die umfänglichen Vortragsreisen und Veröffentlichung von Grundlagenwerken Maria Montessoris konnten sich ihre pädagogischen Prinzipien international verbreiten. Die Entwicklung von methodischen und didaktischen Materialien wurde von der Fachöffentlichkeit mit großem Interesse aufgenommen. Jahrelang war Maria Montessori allein für die Ausbildung der Montessori-Lehrkräfte bzw. Erzieher*innen zuständig. Erst nach und nach gründeten sich verschiedene Montessori-Gesellschaften in den USA, Deutschland und den Niederlanden. Maria Montessori gründete 1929 ihre eigene Organisation, die Association Montessori Internationale (AMI). Damit konnte sie wesentlich zur Wissensproduktion der Erwachsenenbegleitung – und teilweise auch Gestaltung – von kindlichen Lern- und Bildungsprozessen beitragen. Dem kindlichen Recht auf individuelle Entscheidungen und Respektierung ihrer Bedürfnisse wird jedoch durch die konzeptionellen Überlegungen nicht vollumfänglich Rechnung getragen. Zwar wurde das Kind als kompetent handelnd, als sein eigener Lehrer stilisiert; jedoch wurde dieses Denkmodell von der sehr idealisierten Vorstellungen einer „normalen" kindlichen Entwicklung in einer „gesunden" Gesellschaft geleitet. Damit einher geht auch immer der gesellschaftliche Auftrag, Kinder vor schädigenden Einflüssen zu schützen, vielfach bei Maria Montessori verbunden mit soziopsychischen Hygienevorstellungen und einem sittlich-religiösen Erziehungsideal.

Literatur um Weiterlesen:

MONTESSORI, Maria (1914/1922): Dr. Montessoris Own Handbook (Mein Handbuch). Grundsätze und Anwendung meiner neuen Methode der Selbsterziehung der Kinder. Stuttgart.

MONTESSORI, Maria (1923): Die Selbsterziehung des Kindes (Die Lebensschule – Schriftenfolge des Bundes Entschiedener Schulreformer), Heft 12.

MONTESSORI, Maria (1949/1969): Das kreative Kind – der absorbierende Geist (engl. The Absorbent Mind). Freiburg.

MONTESSORI, Maria (1952/2019): Kinder sind anders (The Secret of Childhood (engl.), Il segreto dell'infanzia (1938) (hg. 1950; 9. Aufl. 1966). Freiburg.

MONTESSORI, Maria (1969): Die Entdeckung des Kindes. Freiburg.

MONTESSORI, Maria (1979): Spannungsfeld Kind – Gesellschaft – Welt. Freiburg.

MONTESSORI, Maria (2005): Grundlagen meiner Pädagogik. Wiebelsheim.

3.5 Pädagogik der Kinderrechte: Janusz Korczak (1878 – 1942)

Janusz Korczak (Henryk Goldszmit), ein polnischer Arzt, Kinderbuchautor und Pädagoge, wurde in Warschau geboren und wuchs dort in einer bürgerlichen jüdischen Familie auf. Sein Vater war Anwalt. Er besuchte das Gymnasium und erhielt schon als Schüler für seinen ersten Roman einen Nachwuchspreis. Neben seinem Medizinstudium veröffentlichte er unter dem Pseudonym Janusz Korczak mehrere Romane. Er promovierte und arbeitete anschließend in der Warschauer Kinderklinik. Im Jahr 1912 übernahm er die Leitung eines nach seinen Plänen errichteten jüdischen Waisenhauses (Dom Sierot), das von der jüdischen Gesellschaft „Hilfe für die Waisen" finanziert wurde. Kinder im Alter bis zu 14 Jahren wurden dort aufgenommen. Später kam noch ein weiteres Waisenhaus hinzu, das Nasz Dom (Unser Haus). Janusz Korczak setzte seine Ideen zu einer Kinderrepublik um. Gleichzeitig war er am Institut für Sonderpädagogik als Dozent tätig, als Sachverständiger für Erziehungsfragen beim Amtsgericht, als Redakteur der Kinderzeitung „Maly Przeglad" (Kleine Rundschau) (1926–1930) sowie als Mitarbeiter beim polnischen Rundfunk (1935/36). Trotz mehrfacher Reisen nach Palästina (1934/1936) verwarf er die Möglichkeit der Emigration. 1940 wurde sein Waisenhaus in das Warschauer Getto zwangsumgesiedelt. Janusz Korczak wurde am 5. August 1942 mit etwa 200 Kindern in das Vernichtungslager Treblinka abtransportiert und dort zusammen mit den Kindern in einer Vergasungskammer getötet. Er verfasste überaus populäre Kinderbücher, wie zum Beispiel

„König Hänschen der Erste“ (1923),
„König Hänschen auf der einsamen Insel“ (1923),
„Wenn ich wieder klein bin“ (1925),
„Jack handelt für alle“ (1924).

Seine pädagogischen Schriften werden bis heute auf unterschiedlichen Wissensgebieten über Kinder und Kindheit und auch in der Praxis diskutiert.

„Wie man ein Kind lieben soll“ (1919),
„Das Recht des Kindes auf Achtung“ (1929).

Janusz Korczak hat grundlegende pädagogische Prinzipien formuliert, die sich an einer Idealvorstellung von „guter“ Erziehung orientierten, die in dem viel zitierten Leitmotiv „Das Recht des Kindes zu sein, was es ist“ (1929, 406) zum Ausdruck kommt. Sie lassen sich wie folgt zusammenfassen:

1. Die individuellen Bedürfnisse des Kindes sind der zentrale Bezugspunkt von Erziehungs- und Bildungsprozessen.
2. Die Vermittlung von Erziehungs- und Bildungsinhalten erfolgte ohne Erwartung von Gegenleistungen. Kinder wurden begleitet und nicht bevormundet. Erziehungs- und Bildungsinhalte sollten dialogisch vermittelt werden. Kinder sollten mitsprechen und mitbestimmen können. Die kindliche Fantasie, Kreativität und ihr höchst eigensinniger Humor sind stets als äußerst relevant zu erachten. Erziehungs- und Bildungsziel sollte es sein, eine demokratische Lebenswelt für alle Kinder zu schaffen

und zu erhalten. Die von Janusz Korczaks entwickelten Einrichtungen für Kinder basierten auf dem Grundsatz, dass Kinder sich selbst regieren könnten. Organe der Selbstregierung (Parlament) und ein Kindergericht wurden als Hilfen zur Selbsterziehung eingerichtet; Kinder konnten auch „Urteile" über Erwachsene sprechen.

3. Durch eine positive und empathische Grundeinstellung können die Erziehenden den solidarischen Umgang miteinander fördern. Einfühlendes Verstehen in die kindlichen Denk- und Handlungsweisen sind als dialogischer Prozess wichtige Voraussetzungen und Bedingungen für erzieherisches Handeln.
4. Die Erziehenden sollten akzeptieren, dass die Vermittlung von Erziehungs- und Bildungsinhalten begrenzt ist. Um die Unterschiede in den kindlichen und erwachsenen Vorstellungen bearbeiten zu können, ist eine ständige Selbstreflexion der Erziehungs- und Bildungsprozesse notwendig, Krisen und Missverständnisse sollten stetig bearbeitet werden.
5. Die Erziehenden sind dazu aufgefordert, in den Erziehungs- und Bildungsprozessen Nähe und Distanz herzustellen und deren potenzielles Dilemma auszutarieren.
6. Die Erziehenden sollten ein durchgängiges Verständnis für die kindliche Individualität und ihre jeweiligen spezifischen Fähigkeiten, Kreativität, Ressourcen und Kompetenzen aufweisen.
7. Die Erziehungs- und Bildungsprozesse werden vom Grundsatz der Selbstregulierung getragen. Kinder entwickeln für alle sichtbare und nachvollziehbare Regeln, auch unpopuläre Entscheidungen sind zu akzeptieren.
8. Ausgehend von der Grundannahme, dass Kinder bereits von Geburt an Menschen sind und nicht erst durch Erziehung und Bildung zu solchen werden, stehen Kindern grundlegende Rechte zu.

Seine pädagogischen Überlegungen hat Janusz Korczaks auf Basis seiner 30-jährigen Erfahrungen in Erziehungs- und Bildungsprozessen in den zwei Waisenhäusern mit armen Kindern in seiner Schrift *„Wie man ein Kind lieben soll" (1919)* festgehalten. Zentral für das pädagogische Handeln ist die Ausbalancierung von Nähe und Distanz, was auch als „pädagogischer Takt" bezeichnet wird. Auf der Grundlage einer umfassenden Kritik am Erziehungs- und Bildungsgeschehen seiner Zeit entwickelte Janusz Korczak erste Überlegungen zu einer Kindercharta als Vorläufer der heutigen Kinderrechte.

> Das grundlegende Interesse an den Rechten des Kindes an seiner Autonomie, Freiheit und Achtung, seinem Anspruch auf Sorge, Schutz, Bildung usw. sollte nach Janusz Korczak leitmotivisch für pädagogisches Handeln sein.

„Ich fordere die Magna Charta Libertatis, als ein Grundgesetz für das Kind" (ebd., 15):

1. *Das Recht des Kindes auf seinen eigenen Tod:*
   „Aus Furcht, der Tod könnte uns das Kind entreißen, entziehen wir es dem Leben; um seinen Tod zu verhindern, lassen wir es nicht richtig leben" (ebd.).
   Kindern sollten grundsätzlich und durchgängig die Möglichkeiten gegeben werden, sich selbst zu entdecken, ihren Willen frei auszuüben, sich zu bilden und, natürlich, Fehler machen zu können. Ihr Streben nach Freiheit und Autonomie sollte nicht durch Erwachsene, Gemeinschaften oder die Gesellschaft eingeschränkt werden.
2. *Das Recht des Kindes auf den heutigen Tag:*
   Kinder sollten ihre Gegenwart nach ihren eigenen Vorstellungen, Werten und Normen gestalten können. Sie sollten ebenso mit ihren Emotionen, Handlungs- und Denkweisen in jeder Situation ernst genommen werden.
   „Das Kind kann nicht ‚denken wie ein Erwachsener', aber es kann auf kindliche Weise über ernste Probleme der Erwachsenen nachdenken; der Mangel an Wissen und Erfahrung zwingen es zu einer anderen Denkweise" (ebd., 101).

3. *Das Recht des Kindes, so zu sein, wie es ist:*
   Kinder sind für die Entwicklung ihrer Persönlichkeit selbst verantwortlich. Janusz Korczak ging davon aus, dass Kinder in der Lage sind, selbst Urteile zu bilden und Schwierigkeiten und Probleme zu bewältigen. Kinder sollten stets mitbestimmen, ihre Meinungen und Wünsche in jeder Situation äußern dürfen und können. Die Waisenhäuser wurden zu Kindergesellschaften, in denen Organe geschaffen wurden, die eine freie Meinungsäußerung, Kommunikation, Entscheidungsfindung und den Umgang mit Konflikten ermöglichten, wie zum Beispiel durch ein Kindergericht (das Kollegial- oder Kameradschaftsgericht) oder das Kinderparlament (das durch die Vollversammlung aller Kinder in den Waisenhäusern gewählt wurde).
4. *Das Recht des Kindes auf Achtung:*
   Achtung vor dem jeweils einzigartigen Kind ist für Janusz Korczak ein zentraler pädagogischer Grundsatz. Die kindlichen Fähigkeiten sollten, ungeachtet der individuellen Kompetenzen, der spezifischen kindlichen Entwicklungen und Persönlichkeiten sowie im Hinblick auf die nicht planbare Zukunft des Kindes in Erziehungs- und Bildungskontexten gefördert werden.

Janusz Korczak hat grundlegende pädagogische Perspektiven entwickelt, die radikal die Selbsttätigkeit und Selbstständigkeit der Kinder in den Blick nehmen. Kindern sollen Erfahrungsräume zur Verfügung gestellt werden, die es ihnen ermöglichen, ihre Aktivitäten, ihr Handeln, Spiel, ihre Lern- und Bildungsprozesse selbstbestimmt auszuüben. So konnte er die ungleiche Stellung der Kinder in der Gesellschaft, bedingt durch die generationale Ordnung, ihre Abhängigkeit von Erwachsenen, in ihren Auswirkungen auf die Macht- und Ordnungszusammenhänge in Erziehungs- und Bildungssituationen in den Blick nehmen. Janusz Korczak entwickelte ein außerordentlich emanzipatorisches und antipaternalistisches Erziehungs- und Bildungskonzept, das stetige Möglichkeiten von Veränderung, Kooperation, Mitverantwortung, Mitbestimmung und Reflexion vorsah. Seine pädagogischen Überlegungen fordern nicht nur zu einem gleichberechtigten Dialog von Kindern und Erwachsenen heraus, sondern auch zu grundlegenden Veränderungen der Macht- und Ordnungsstrukturen in Bildungs- und Erziehungsprozessen. Ihm wird zugeschrieben, die erste Kindercharta – als Vorläufer der Kinderrechte – entwickelt zu haben; allerdings gab es schon 1924 eine von Dorothy Buxton und Eglantyne Jebb verfasste Genfer Erklärung über die „Rechte des Kindes". Die Schwestern hatten 1919 zudem das „Save the Children"-Komitee in London gründeten. Durch seine Überlegungen zu einer praxisorientierten Erziehungs- und Bildungsvorstellungen – als wechselseitiges Erziehen und Lernen – regte Janusz Korczak immens zu pädagogisch-theoretischem Weiterdenken an. Vielfach wurden seine Überlegungen jedoch von den Kritikern als „apolitische Inselpädagogik" beschrieben. Jedoch waren die Bestrebungen dieses fortschrittlichen Pädagogen darauf ausgerichtet, nicht nur die pädagogischen Erziehungs- und Bildungsprozesse in den Einrichtungen, sondern auch die der gesamtgesellschaftlichen Bildungs- und Erziehungsorganisation zu verändern.

An der Hochschule für Angewandte Wissenschaft in Düsseldorf gibt es eine Forschungsstelle zum Werk Janusz Korczaks.

Literatur zum Weiterlesen:

KORCZAK, Janusz (1967): Wie man ein Kind lieben soll (poln. Erstausgabe: Prawo dziecka do szacunku 1919). In: Sämtliche Werke, Bd. 4. Gütersloh, S. 7–315.

KORCZAK, Janusz (1929): Das Recht des Kindes auf Achtung (poln. Erstausgabe: Prawo dziecka do szacunku 1928). In: Sämtliche Werke, Bd. 4. Gütersloh, S. 383–413.

KORCZAK, Janusz (1939): Fröhliche Pädagogik (poln. Erstausgabe: Pedagogika żartobliwa 1939). In: Sämtliche Werke, Bd. 4. Gütersloh, S. 415–493.

KORCZAK, Janusz König (1923/1974): Hänschen der Erste. München.

KORCZAK, Janusz König (1923/1975): König Hänschen auf der einsamen Insel. München.

KORCZAK, Janusz König (1925/1973): Wenn ich wieder klein bin. Göttingen.

KORCZAK, Janusz König (1924/1973): Jack handelt für alle. Berlin.

3.6 Die selbstregulative Erziehung: Alexander Sutherland Neill (1883–1973)

Alexander Sutherland Neill war ein englischer Reformpädagoge. Er wurde 1883 in Forfar (Schottland) geboren und wuchs mit sieben Geschwistern in einer Lehrerfamilie auf. Nach dem Abschluss seiner Ausbildung als Buchhalter und Einzelhändler arbeitete er ab 1899 als Hilfslehrer an der Schule seines Vaters. Dort erhielt er nach vier Jahren sein Lehrerdiplom. Er war mehrere Jahre an unterschiedlichen schottischen Dorfschulen tätig. Die harten, teilweise sehr von Gewalt geprägten Erziehungsmethoden an den Schulen lehnte er ab. Er nahm Privatunterricht und studierte an der Universität Edinburgh Agrarwissenschaften, dann Anglistik und Literatur. Nach dem Abschluss seines Studiums mit dem Master (M.A.) arbeitete er als Redakteur an der Herausgabe einer Enzyklopädie und als künstlerischer Assistent für das Piccadilly Magazine. Alexander Sutherland Neills theoretische Überlegungen wurden stark von dem US-amerikanischen und britischen Pädagogen und Sozialreformer Homer Tyrell Lane beeinflusst. Dieser hatte eine Erziehungsanstalt für schwer erziehbare Kinder, das „Little Commonwealth", gegründet. Den pädagogischen Prinzipien von Homer Tyrell Lane folgend entwickelte Alexander Sutherland Neill Ideen für eine neue internationale Schule. In der deutschen Künstlerkolonie Hellerau konnte er seine pädagogischen Grundvorstellungen zusammen mit Christine Bear sowie dem Ehepaar Dr. Otto und Lilian Neustätter in die Praxis umsetzen. Diese Schule bestand jedoch nur ein Jahr lang. Ab 1920 gab er zusammen mit Beatrice Ensor die Zeitschrift „Education of the New Era" heraus und übte immer wieder starke Kritik am englischen Schulsystem. 1924 gründete er die erste Summerhill-Schule in der Grafschaft Dorset, in der vorwiegend sogenannte „Problemkinder", die als schwierig, faul, träge, antisozial galten, nach strikt demokratischen Prinzipien unterrichtet wurden. Ab 1927 war Leiston (Suffolk) neuer Schulstandort, der in den Kriegsjahren 1940 bis 1945 aufgegeben werden musste; jedoch konnte der Standort danach wieder genutzt werden. Seine wichtigsten Werke sind:

„Theorie und Praxis der antiautoritären Erziehung. Das Beispiel Summerhill“ (1969),
„Das Prinzip Summerhill, Fragen und Antworten“ (1971).

Alexander Sutherland Neill hat keine in sich stimmige pädagogische Theorie oder didaktischen Überlegungen entwickelt. Seine Idee von Bildung und Erziehung beruhte auf der Annahme, dass der Pädagoge bzw. die Pädagogin, der Erzieher sowie die Erzieherin die Bildungs- und Erziehungsprozesse der Heranwachsenden stets aktiv begleiten sollten. Bildung und Erziehung sollten sich an demokratischen Werten orientieren. Er verstand Bildung als prozesshaft, als aktive Befähigung und Selbstbefähigung von Menschen zur Entfaltung ihrer Persönlichkeit, Entwicklung ihrer Urteilsfähigkeit und von Entscheidungswissen. Vorrangiges Ziel von Erziehung und Bildung sollte das persönliche Glück eines jeden Einzelnen sein. Das individuelle Glück als Selbstzweck stand daher im Mittelpunkt des Erziehungs- und Bildungsgeschehens (Neill 1969/1998, 120).

> Bildung und Erziehung wurde von Alexander Sutherland Neill radikal vom Kind aus gedacht. Die Heranwachsenden sollten sich nicht an die bestehende gesellschaftliche Ordnung, kulturelle und normative Vorgaben und Werte anpassen, sondern diese aktiv mitgestalten.

Gliedern lassen sich seine Überlegungen in folgende drei Aspekte:

Anthropologische Grundannahmen (Politik der Bedürfnisbefriedigung und Freiheit des Kindes: Alexander Sutherland Neill ging davon aus, dass jeder Heranwachsende ein angeborenes Bedürfnis, den Willen und einen selbstgesteuerten, selbstangepassten sowie selbstregulierten Antrieb hat zu lernen und sich zu bilden. Die unterschiedlichen Wachstumsphasen in der Kindheit und Jugend können sinnvoll zum selbstständigen, aktiven Lernen genutzt werden. Lern- und Bildungsprozesse sollten immer unter der Prämisse gestaltet werden, dass sich Heranwachsende frei entscheiden können, zu welchem Zeitpunkt und was sie lernen wollen. Somit kann darauf verzichtet werden, Bildungs- und Erziehungsprozesse an vorgegebenen Zielen auszurichten. Daher sind Erziehungsmaßnahmen wie zum Beispiel Regulierungen durch Strafen völlig unangemessen und zu verurteilen. Es sollten möglichst keine Maßnahmen ergriffen werden, um Lern- und Bildungsprozesse anzuregen. Schule sollte ein Schutzraum für die Heranwachsenden sein, um sie vor schädlichen familialen und gesellschaftlichen Einflüssen zu bewahren. Zentral war daher immer die Auseinandersetzung darüber, wie soziale Umwelten beschaffen sein müssten, damit Kinder ihre Bedürfnisse – auch nach Bildung – wahrnehmen und artikulieren können.

Radikale Selbstregierung als pädagogische Methode: Mit der radikalen Selbstregierung führte Alexander Sutherland Neill die pädagogische Methode der Kinderrepubliken ein, das „self-government". Ziel war es, die Verantwortung für die Erziehungs- und Bildungsprozesse zwischen den Erziehenden und Kindern aufzuteilen. Die Umsetzung dieser Methode erwies sich als sehr anstrengend und mühsam sowohl für die Erziehenden als auch die Heranwachsenden, da die Übernahme von Verantwortung viel Zeit und teilweise auch unpopuläre Entscheidungen erforderte. Erziehungs- und Bildungsprozesse wurden bei Alexander Sutherland Neill nicht als untätige „Geschehensprozesse" gedacht, sondern als fortlaufende Aktivitäten aufseiten der Erzieher*innen und der zu Erziehenden. Sowohl die Erziehenden als auch die Heranwachsenden waren aufgefordert, notwendige Strukturen für die Lern- und Bildungsprozesse eigenständig aufzubauen. Die Schüler*innen stellten zwischen 150 bis 200 Regeln auf, wie zum Beispiel Sicherheits- und Hygieneregeln, oder auch bei Regelverstößen einzuleitende Maßnahmen. Über die Teilnahme und Formen der Vermittlungs- und Lernprozesse konnte jede*r Schüler*in individuell und frei entscheiden, wie zum Beispiel die Aufhebung des Klassensystems, die Unterrichtsfreiheit, Selbstverwaltung, die freie Entscheidung über die Ausgestaltung der moralischen, religiösen und sexuellen Handlungen über sogenannte paradoxe Sanktionen, wie auch die Gewährung von „private lessons" (Privatstunden).

Gesellschaftskritik und Politik (Politik, aber keine politische Erziehung): Alexander Sutherland Neill war ein radikaler Verteidiger der persönlichen Freiheit, Gleichheit und Selbstbestimmung des Kindes. Diese Ideengänge standen den herrschenden gesellschaftlichen Ansprüchen, Zwängen und Normen – wie zum Beispiel den für ‚normal' gehaltenen Moralvorstellungen, Autoritäten qua Alter und Stand sowie den Annahmen über höhere, weiterentwickelte Kulturen – entgegen. Getragen wurden die Überlegungen Alexander Sutherland Neills von einer generalisierten Vorstellung über das „freie Kind", die mit einer Annahme über die Fähigkeit zu kompetentem Handeln von Kindern einherging. Nur wenn Kinder nicht von gesellschaftlichen Prozessen ausgeschlossen würden, könnten sie soziale und politische wie auch gesellschaftliche Veränderungen mitgestalten und beeinflussen. Die freie Erziehung war somit als ein Mittel zur Veränderung von Gesellschaft gedacht.

Bis heute ist die Kritik an den pädagogischen Denkmodellen von Alexander Sutherland Neill und an ihren konkreten Umsetzungen in der Praxis an der Summerhill Schule nicht verstummt. Dies bezieht sich insbesondere auf die Förderung von emotionalen Fähigkeiten und individuelle Freiheiten (auch im Hinblick auf die kindliche Sexualität), die in der Sommerhill-Schule starke Berücksichtigung finden. Es wird immer wieder kritisiert, dass nur privilegierte Schüler und Schülerinnen die Summerhill-Schule besuchen könnten und die kognitive Wissensvermittlung keine übergeordnete Rolle einnimmt. Zudem werden die pädagogischen Grundannahmen einer „natürlichen" Erziehung fernab von Regeln und Kontrollen als illusorisch eingeordnet.

Mittlerweile gibt es weltweit mehr als 200 demokratische Schulen, die den Ideen des offenen Unterrichts, des freien Lernens und der radikalen Selbst- und Mitbestimmung folgen. Solche Schulen haben eine internationale Ausrichtung und die Schulabgänger*innen sind vielfach erfolgreiche Unternehmer*innen, Schriftsteller*innen, Wissenschaftler*innen, Ärzt*innen geworden und sind/waren sehr häufig in kreativen Berufsfeldern tätig. Zoe Readhead, die Tochter von Alexander Sutherland Neill, leitet heute das Internat „Summerhill", in dem ca. 75 Kinder und Jugendliche im Alter von fünf bis 17 Jahren unterrichtet werden.

Literatur zum Weiterlesen:

KAMP, Martin (2006): Die Pädagogik A.S. Neills, www.yumpu.com (Zugriff am 23.06.20).

NEILL, Alexander Sutherland (1969): Theorie und Praxis der antiautoritären Erziehung. Das Beispiel Summerhill. Hamburg. Neill, Alexander Sutherland (1971): Das Prinzip Summerhill, Fragen und Antworten. Hamburg.

3.7 Kollektiv- und Persönlichkeitserziehung: Anton Semjonowitsch Makarenko (1888–1938)

Anton Semjonowitsch Makarenko war ein sowjetischer Pädagoge und Schriftsteller. Er wurde 1888 in Belopolje (ehemaliges Russisches Kaiserreich) geboren und wuchs in einer Arbeiterfamilie auf. Sein Vater war Eisenbahnarbeiter und seine Mutter kam aus einer Soldatenfamilie. Nach seinem ausgezeichneten Schulabschluss an der städtischen Schule in Krementschuk absolvierte er einen einjährigen pädagogischen Lehrgang an der gleichen Schule. Anschließend war er als Lehrer für Russisch und technisches Zeichnen an der Eisenbahner-Grundschule in Krjukow und in Dolinskaja tätig. Nach dieser Zeit der Berufstätigkeit studierte er am pädagogischen Lehrerbildungsinstitut in Poltawa (1912–1917) und arbeitete dann als Schulleiter in Krjukow. Anton Semjonowitsch Makarenko war maßgeblich an der Neuorganisation von Schulen als Arbeitsschulen im Gouvernement Poltawa beteiligt. Er eröffnete und entwickelte ein Arbeitsheim für straffällig gewordene Kinder und Jugendliche (wie bspw. Straßenkinder, die sich in Banden organisierten, Kinder, die Soldaten oder Prostituierte waren), die sogenannte Gorki-Kolonie (benannt nach dem Schriftsteller Maxim Gorki). Dieses Arbeitsheim war die erste koedukative pädagogische Einrichtung in der Sowjetunion (1920–1928). Hier lebten zeitweise bis zu 500 Kinder und Jugendliche. Anton Semjonowitsch Makarenko leitete die Gorki-Kolonie acht Jahre lang. In den Jahren 1927 bis 1935 baute er die F.-E.-Dserschinski-Kommune auf, die sich zur Kaderschmiede der sowjetischen Geheimpolizei Tscheka entwickelte. Als Grundlage seiner theoretischen Überlegungen gilt sein Werk

„Der Weg in Leben. Ein pädagogisches Poem" (1971),

mit dem er seine Vorstellungen für eine „allseitig entwickelte Persönlichkeit" als Bildungs- und Erziehungsziel formulierte. Anton Semjonowitsch Makarenko orientierte seine programmatischen Ideengänge zu den pädagogischen Grundhaltungen in den Bildungs- und Erziehungsprozessen der Kindheit und Jugend an den Vorstellungen des Humanismus.

> Anton Semjonowitsch Makarenko verstand Bildung als Selbstzweck, die sich idealerweise nicht an Nützlichkeitserwägungen orientierten sollte. Aufgabe der Erziehenden sollte es sein, die Heranwachsenden auf ihrem Entwicklungsweg zu einer freien, autonomen Persönlichkeit zu begleiten.

Gleichfalls relevant war die Vermittlung von Verantwortungsbewusstsein, also des Bewusstseins, dass das eigene Handeln wichtig für die Weiterentwicklung der Gesellschaft sei. Aus den gesellschaftlichen Forderungen und Bedürfnissen leiteten sich für Anton Semjonowitsch Makarenko wesentliche Bildungs- und Erziehungsziele ab. In den von ihm mitkonzipierten Arbeitsheimen entwickelte er jedoch aus der Notwendigkeit heraus, das Leben, Lernen und die Arbeit in der Kolonie zu organisieren, ein Gruppensystem. Dieses bestand aus Abteilungen und Kleingruppen von sieben bis fünfzehn Personen, den „Kolonisten". Gruppenführer und -führerinnen, die „Kommandeure", leiteten diese Kleingruppen. Wechselnde Hierarchien sollten das Entstehen von „besonderen Stellungen" Einzelner in den Gruppen verhindern. Diese als überaus anschlussfähig angesehenen Konzepte zur Umsetzung von gruppendynamischen Prozessen richteten sich an den Vorstellungen eines Familienkollektivs aus und lassen sich als „Prinzip der Erziehung in der Gruppe" wie folgt aufschlüsseln:

- Jede Gruppe sollte im Sinne eines lebendigen und offenen Prozesses des *„Miteinander-Wachsens"* alle Mitglieder integrieren.
- Die Gruppen sollen die Entwicklungs- und Lernprozesse der einzelnen Gruppenmitglieder sowie der Gruppe als Ganzer fördern.
- Die Interessen, Bedürfnisse, Problem- und Konfliktlagen sowohl der einzelnen Gruppenmitglieder wie auch der ganzen Gruppe sollten stets berücksichtigt und ausbalanciert werden.
- Alle Gruppenmitglieder sind füreinander verantwortlich.
- Ziel der Bündelung von Heranwachsenden in Gruppen sollte es sein, die individuellen Fähigkeiten der einzelnen Gruppenmitglieder zu kanalisieren, um gemeinsame Aufgaben und Herausforderungen bewältigen zu können.
- Die Gruppen verwalteten sich selbst durch den „Rat der Kommandeure", der von der Vollversammlung der Kolonisten gewählt und durch ein „Kommunarden-Gericht" kontrolliert wurde.
- Spezielle Einsatzabteilungen wurden kurzfristig für klar abgegrenzte Aufträge gebildet.

Diese nach wie vor höchst umstrittene Organisation des gemeinschaftlichen Lebens, Lernens und Arbeitens in der Gorki-Kolonie wurde von Anton Semjonowitsch Makarenko als zentral angesehen, um das Überleben der Heranwachsenden durch die Schaffung unentbehrlicher und existenzieller Lebensgrundlagen zu sichern. Gleichfalls sind seine Ideengänge von stark sozialistischer Prägung sowie einer bewussten Wahrnehmung von Machtprinzipien und deren Umsetzung geprägt. Herrschaft, Führung und Unterordnung waren zentrale Gruppengestaltungsprinzipien. Die „Erziehung in der Gruppe“ hatte zum Ziel, junge Menschen so zu erziehen und anzuleiten, dass sie sich zu produktiven Mitgliedern einer neuen sozialistischen Gesellschaft entwickelten. Gleichzeitig sind jedoch die pädagogischen Überlegungen von Anton Semjonowitsch Makarenko davon geprägt, dass er kein starres unveränderliches Erziehungs- und Bildungssystem schaffen wollte, sondern dass sich Mittel und Methoden der Erziehung und Bildung ständig modifizieren konnten. Erziehung und Bildung spiegeln stets die gesellschaftlichen Verhältnisse und die mit der Gesellschaft verbundenen Lebensordnungen wider. Die pädagogischen Grundformen und Grundhaltungen, die Anton Semjonowitsch Makarenko entwickelt hat, nehmen jedoch nur sehr bedingt Rücksicht auf die individuellen kindlichen oder jugendlichen Bedürfnisse, deren Möglichkeiten zu autonomen Entscheidungen und die Entwicklung eigenverantwortlicher Handlungsperspektiven. Sie sind dagegen deutlich geprägt von der politischen Ideologie seiner Zeit und den regionalen Machtverhältnissen und lassen sich wie folgt zusammenfassen:

- Kinder sind vollwertige Mitglieder der Gesellschaft.
- Nur wenn Kinder sich am gesellschaftlichen Leben beteiligen, können sie in gemeinschaftliche und gesellschaftliche Gruppen integriert werden.
- Kinder benötigen Strukturen wie bspw. einen geregelten Tagesablauf, jedoch sollten sie diesen mitgestalten, selber einhalten, überwachen bzw. kontrollieren können.
- Kinder haben ein Recht auf Glück, Freude, Geselligkeit und Spiel sowie auf kulturelle Bildung.
- Kinder haben die Pflicht zur Arbeit und Verantwortung.
- Alle Kinder haben die gleichen moralischen und sozialen Fähigkeiten.
- Die Gesellschaft muss Rahmenbedingungen für ein gelingendes Aufwachsen von Kindern und Jugendlichen schaffen.
- Kinder arbeiten, lernen und leben gemeinsam mit anderen Kindern, Jugendlichen und Erwachsenen.

Diese pädagogischen Grundüberlegungen von Anton Semjonowitsch Makarenko hatten das Ziel, die Vermittlung von demokratischen Erziehungs- und Bildungsvorstellungen zu ermöglichen. Jedoch sind seine Annahmen zur Kontrolle und Anwendung von Zwängen (wie bspw. körperliche Strafen) als scheinbar unvermeidliche Begleiterscheinungen pädagogischen Handelns in Gemeinschaften zu einer Dauerquelle von Irritationen geworden und sind nicht zu rechtfertigen. Sicherlich würde kein aufgeklärter Pädagoge ernsthaft leugnen, dass pädagogische Interventionen nicht unabhängig von gemeinschaftlichen wie auch gesellschaftlichen Strukturen entstehen können. Die wechselseitige Bedeutung von gesellschaftlichen Reproduktionsbedingungen und der konkreten Ausgestaltung von pädagogischen Prozessen wird nach wie vor normiert und moralisiert. Daher sollten die hier vorgestellten zentralen theoretischen Grundlegungen von Anton Semjonowitsch Makarenko, die auf einem sozialistischen Verständnis von Bildung und Erziehung beruhen, immer in Relation zu den historischen wie auch regionalen Erscheinungsformen und gesellschaftlichen Machtstrukturen betrachtet werden. Die frühe Einpassung der Heranwachsenden in ein Kollektivprinzip und die Reduzierung der Bildung auf Nützlichkeit findet sich jedoch auch in aktuellen Diskussionen um „employability" als relevantes Erziehungsziel wieder. Viele Mitglieder der heutigen russischen Regierung haben die Kaderschmiede der sowjetischen Geheimpolizei, für die Anton Semjonowitsch Makarenko erste Ideen entwickelte, durchlaufen.

Trotz dieser aus heutiger Sicht erscheinenden Fragwürdigkeit des intersubjektiven und intergenerationalen Erziehungs- und Bildungsgeschehens in den Arbeiterheimen sind die theoretischen Überlegungen von Anton Semjonowitsch Makarenko nach wie vor überaus relevant. Er hat nicht nur die individuellen kindlichen Lernprozesse in den Mittelpunkt pädagogischen Handelns gestellt, sondern auch Strategien zur Vermeidung sozialer Ausdifferenzierungen im pädagogischen Gruppengeschehen entwickelt. Somit lenkte er den Blick auf die immer noch aktuellen Herausforderungen der Sicherstellung von gleichen Voraussetzungen und Bedingungen von

Bildung und Erziehung für alle Kinder und Jugendlichen in Gruppen und Gemeinschaften.

Literatur zum Weiterlesen:

LÜPKE, Friedemann (2004): Pädagogische Provinzen für verwahrloste Kinder und Jugendliche. Eine systematisch vergleichende Studie zu Problemstrukturen des offenen Anfangs der Erziehung. Die Beispiele Stans, Junior Republic und Gorki-Kolonie. Würzburg.

MAKARENKO, Anton Semjonowitsch (1971): Der Weg ins Leben. Ein pädagogisches Poem, (Volltext unter Педагогическая поэма, 1933–1935). Berlin.

MAKARENKO, Anton Semjonowitsch (1931): Verfilmung: Der Weg ins Leben.

MAKARENKO, Anton Semjonowitsch (1970): Vorträge über Kindererziehung, Volk und Wissen. Berlin.

3.8 Das Kind als Entwicklungstatsache: Siegfried Bernfeld (1892–1953)

Der Reformpädagoge und Psychoanalytiker Siegfried Bernfeld wurde 1892 als Selig Bernfeld in Lemberg (Galizien) geboren. Er wuchs in Berlin in einer jüdischen großbürgerlichen Familie auf, besuchte das Gymnasium und studierte an der Universität Wien u.a. Biologie, Zoologie, Geologie, Pädagogik, Psychologie, Philosophie und Soziologie. Neben seinem Engagement für die liberale jüdische Jugendbewegung, in pädagogischen Projekten für jüdische Jugendliche oder seinen Aktivitäten in sozialistischen Organisationen arbeitete er mit an Zeitschriften wie der politisch umstrittenen und in Bayern an allen Schulen verbotenen Jugendzeitschrift „Der Anfang", der „Blätter aus der jüdischen Jugendbewegung" oder auch der von Martin Buber herausgegebenen „Der Jude". Er promovierte „Über den Begriff der Jugend" und gilt als Mitbegründer der modernen Jugendforschung. 1919 gründete er das Kinderheim Baumgarten. Dies war ein Versuch, das jüdische Erziehungswesen zu bewahren und gleichzeitig Erneuerungen zu ermöglichen. Seine Ideen einer sozialistischen Pädagogik sollten dort umgesetzt werden. In dieser jüdischen Schulsiedlung war es Ziel, verwaiste und verwahrloste Kinder im Alter von sechs bis 14 Jahren zu erziehen und ihnen Gelegenheiten für eine schulische wie betriebliche Ausbildung in gewerblichen, landwirtschaftlichen und industriellen Lehrstätten zu bieten. Seine pädagogischen Überlegungen wurden sehr bedeutsam für die Kibbuzerziehung, israelische Kollektivsiedlungen mit basisdemokratischen Strukturen. 1925 bis 1932 arbeitete Siegfried Bernfeld für die Psychoanalytische Vereinigung in Berlin und lehrte an der Deutschen Hochschule für Politik. Mehr als 30 Jahre lang war er als Lehranalytiker in psychoanalytischen Ausbildungsstätten tätig. Er war dreimal verheiratet, zuerst mit Anne Salomon bis 1926, danach mit Elisabeth Neumann und anschließend mit Suzanne Cassirer. 1934 emigrierte er über Wien und Frankreich in die USA. In San Francisco arbeitete er sehr intensiv daran, eine Psychoanalytische Vereinigung zu etablieren. Als seine wichtigsten Werke gelten bis heute:

> „Kinderheim Baumgarten. Bericht über einen ernsthaften Versuch mit neuer Erziehung" (1921) und
> „Sisyphos oder die Grenzen der Erziehung" (1925).

Letzteres Werk wurde erst in den 1960er-Jahren rezipiert und einer breiteren Öffentlichkeit zugänglich und es wurde insgesamt mit 50.000 Exemplaren und in elf Nachdrucken aufgelegt.

Ausgehend von einer sozialistischen Erziehungskritik, formulierte Siegfried Bernfeld seine pädagogischen Überlegungen. Er versuchte, marxistische, demokratische, zionistische und psychoanalytische theoretische Überlegungen miteinander zu verbinden, indem er „Grenzen der Erziehung" analysiert. Systematisch nahm er die gesellschaftlichen und die politischen Ordnungsvorstellungen in den Blick sowie die psychologischen Erkenntnisse zur Förderung und Entwicklung von Kindern. Siegfried Bernfeld benennt die Voraussetzungen und Funktion von Erziehung als „gesellschaftliche Maßnahme gegenüber Kindern" (1925, 50), um die „Sicherung, Beeinflussung und Veränderung einer bestimmten körperlichen, geistigen und sozialen Entwicklung des Kindes" zu ermöglichen (ebd., 49).

Dies sei eine „unvermeidliche soziale“ und „biologische Tatsache“ (ebd., 50).

> Siegfried Bernfeld ging davon aus, dass die „Naturtatsache“ eine Voraussetzung für die Erziehungsbedürftigkeit und Erziehbarkeit des Menschen ist, während die „soziale Tatsache“ darauf verweist, dass Erziehung und Bildung durch beziehungsvoll gestaltete Interaktionen stattfindet und von diesen ausgeformt wird (ebd.).

> *„Sie sehen nicht das Kind, wie es ist, sondern im Grund das Kind und sich selbst, eins aufs andere bezogen. Und wenn sie selbst von sich abstrahieren könnten, es interessierte sie gar nicht, wie das Kind an und für sich ist, sondern einzig, wie man aus ihm etwas anderes bilden könnte. Das Kind ist Mittel zum theologischen, ethischen, sozialutopischen Zweck“ (ebd., 37).*

In der Zeitschrift für Psychoanalytische Pädagogik (1927) konnte er seine Überlegungen und Einschätzungen von Beobachtungsmaterialien und empirischen Analysen über Erziehungs- und Sozialisationsformen veröffentlichen. Zentral waren folgende theoretische Dimensionen, orientiert an sozialistisch-demokratischen, zionistischen sowie psychoanalytischen Sichtweisen auf die Erziehungspraxis:

Bild vom Kind: Siegfried Bernfeld hat Kinder nicht als „Mängelwesen“ betrachtet, als Unwissende oder Unmündige, sondern ihnen das Recht auf Würde, Achtung und Autonomie zugeschrieben, wie bspw. eine freie Meinungsäußerung und Mitbestimmung oder auch Entscheidungsmacht. Kinder sollten nicht bewahrt oder ihr Handeln moralisiert oder geschützt werden, außer wenn es um die Verhinderung von körperlicher und psychischer Gewalt seitens der Erwachsenen ging.

> *„Kind sein geradezu heißt: rücksichtslos der eigenen Lust leben" (Bernfeld 1925, 32). „Kinder sind nun einmal keine reinen Wesen. Sie auch kleine Bösewichter. Sie als Menschen unterwegs" (ebd., 37).*

Kinder zu verstehen hieß für Siegfried Bernfeld auch gleichzeitig, sich für Kinder zu engagieren. Für die Kindheit als eigenständige Lebensphase sollten eigene Orte, Institutionen, pädagogische Konzepte und Literatur entwickelt werden, um sozial bedingte Ungleichheiten (soziale Macht, Besitz, Zugang zu gesellschaftlichen Ressourcen) ausgleichen zu können.

Kindliche Entwicklung: Mit einer psychoanalytisch geprägten Sichtweise auf kindliche Entwicklungsverläufe (auch psychoanalytische Kinderpsychologie genannt) sollten eine Sensibilisierung für die altersspezifischen Wünsche, Bedürfnisse, Interessen und Ängste, aber auch Einschränkungen und Impulse in den Blick genommen werden. Die Widersprüchlichkeiten und Ambivalenzen der kindlichen Erfahrungen, Erlebnisse, Handlungen und Emotionen in ihren Auswirkungen auf Charakterstrukturen waren für Siegfried Bernfeld von großem Interesse. Dabei war die Analyse der Entwicklung von Trieb- und Affektstrukturen in der frühen Kindheit zentral, um die Wirkung von Erziehung erforschen zu können. Insbesondere in der Organisierung des Kinderlebens in eigenen Institutionen sah er große Möglichkeiten, Erziehungs- und Bildungsprozesse für benachteiligte Kinder zu gestalten, die ihnen aufgrund ihres sozialen Umfelds bisher nicht gegeben werden konnten (Bernfeld 1925, 20 f.).

Interaktionsprozesse zwischen Erziehenden und Kindern: Siegfried Bernfeld ging davon aus, dass das Verstehen und Erfassen von empirisch ausmachbaren Erziehungsprozessen es möglich macht, die Abläufe, Störungen und Hemmungen von Affekten, der Liebes- und Übertragungsfähigkeit, einer Erziehung mit und ohne Zwang sowie vom Umgang mit Sexualität in den Blick zu nehmen. Die pädagogisch-psychoanalytische Grundproblematik des erzieherischen

Handelns – wie das Gewähren oder Versagen, die Vermeidung von Neurosen, Komplexen, Verdrängungen, Hilfe bei Sublimierungen – wurde von ihm im Kontext der Wirkung verschiedener Erziehungsmethoden betrachtet.

Erziehungsmethoden: Die Entwicklung von sozialpädagogisch-therapeutischen Methoden für Kinder, die als unerziehbar galten, sollte es ermöglichen, diese in ihrer Entwicklung zu befördern. Somit wollte Siegfried Bernfeld in seinem sozialpädagogischen Modellprojekt (Kinderheim Baumgarten) die Mittel, Wege und Möglichkeiten solchen Erziehens und Bildens theoretisch und methodisch begründen. Er diskutierte die biologischen, sozialpsychologischen und sozioökonomischen Grenzen der Erziehung als das „tatsächliche Tun" des Erziehenden und Pädagogik als die „Lehre", die „Wissenschaft" von diesem Tun (ebd., 15 f.). Die Idee der Erziehung war für ihn so alt wie die Menschheit (ebd.). Über Erziehungs- und Bildungsprozesse sollte wissenschaftlich-methodisch nachgedacht werden. Sinn und Funktion der Pädagogik ist die Rationalisierung der Erziehung als „geistige Tat". Die Folgen von Erziehung sollten in der realen Veränderung des bisherigen kindlichen Verhaltens sichtbar werden. Demzufolge konnte ohne Pädagogik nicht erzogen werden.

Zusammenfassend lässt sich festhalten, dass Siegfried Bernfelds Erziehungsdenken eine Verbreitung sozialistischer-demokratischer, zionistischer und psychoanalytischer Gedanken und Analysen zum Ziel hatte. Seine Überlegungen zeichnen sich durch ein ganz grundlegendes Verständnis für die kindlichen Anliegen, Bedürfnisse, Lebensrechte und Lebenslagen aus. Kinder werden als Akteure, als Experten in eigener Sache betrachtet und er forderte, stets die kindlichen Sichtweisen und Meinungen systematisch in Erziehungs- und Bildungsprozessen zu berücksichtigen.

Trotz seiner wegweisenden Auseinandersetzungen über die „Grenzen" der Erziehung innerhalb der Gesellschaft, der pädagogischen Institutionen, bei den Erziehenden und im Kind selber wurde zwar über die Veränderung von internen Lernprozessen innerhalb der vorhandenen Regelsysteme (Schule, Kindertagesbetreuung usw.) hinreichend diskutiert, jedoch nicht über die Systemgrenzen hinaus. Die starren sozialen und damit einhergehenden ökonomischen Auf- und Abstiegsgrenzen durch Erziehung und Bildung haben sich bis heute nicht verändert – auch nicht in den nur scheinbar sozialistisch orientierten Gesellschaftssystemen.

Literatur zum Weiterlesen:

BERNFELD, Siegfried (1921): Kinderheim Baumgarten. Bericht über einen ernsthaften Versuch mit neuer Erziehung. Berlin.

BERNFELD, Siegfried (1925): Sisyphos oder die Grenzen der Erziehung. Wien, Neudruck: Frankfurt/M. (1967), 10. Aufl. (2006).

3.9 Der soziokulturelle Erziehungskontext: Lew Semjonowitsch Wygotski (1896 – 1934)

Lew Semjonowitsch Wygotski (Lev Semenovic Vygotskij), ein sowjetischer Psychologe, wurde in Orsha (heute Weißrussland) als Kind einer bürgerlichen jüdischen Familie geboren. Er studierte Jura und arbeitete als Lehrer an einer Berufsschule und am Psychologischen Institut in Moskau. Sehr intensiv beschäftigte er sich mit soziologischen, philosophischen und pädagogischen Fragestellungen und setzte sich mit zentralen Aspekten der Wissenschaftsforschung in der Linguistik, Kunst- und Literaturwissenschaft auseinander. Insbesondere die pädagogische Arbeit mit beeinträchtigten Kindern (bspw. durch Blindheit, geistige und körperliche Entwicklungsverzögerungen) prägte seine theoretischen Problematisierungen und Ideengänge. Seine wichtigsten Schriften beinhalten Auseinandersetzungen zum Denken und Sprechen sowie zur psychischen Entwicklung der Persönlichkeit:

„Denken und Sprechen“ (1971).

Folgende drei Kernbereiche rahmen seine theoretischen Ideengänge und gemeinschaftsstiftenden Denkfiguren:

Zone der proximalen Entwicklung: Mit der Zone der „proximalen Entwicklung" beschreibt Lew Semjonowitsch Wygotski die kindlichen Entwicklungsverläufe. Konkret wird mit diesem Begriff die Distanz zwischen dem aktuellen kindlichen Bildungs- und Lernniveau und den potenziellen Bildungs- und Lernprozessen beschrieben. Lew Semjonowitsch Wygotskis zentrale Grundannahme war es, dass alle Kinder die Fähigkeit haben, Probleme selbstständig zu lösen, sie dazu aber in Interaktion mit anderen Menschen und ihrer Umwelt treten müssen. Somit wirkt sich der soziokulturelle gesellschaftliche Kontext entscheidend auf die kindlichen Bildungs- und Lernprozesse aus. Gesellschaftliche und kulturelle Programmatiken wie auch Macht- und Ordnungszusammenhänge beeinflussen die kindlichen Entwicklungsverläufe. Mit diesen Vorstellungen verbindet Lew Semjonowitsch Wygotski die weitere Annahme, dass Kinder nur bestimmte Aspekte ihrer sozialen, kulturellen und physikalischen Umwelten wahrnehmen. Dieser Vorgang der Selektion erfolgt bewusst und zielgerichtet. Kinder entwickeln demzufolge individuell sehr unterschiedliche Fertigkeiten und Lernstile, sie können ihre Fähigkeiten einschätzen und reflektieren. Sie setzen ihre Fähigkeiten aktiv ein, um bestimmte Ziele zu erreichen, ihre Erfolge bzw. Misserfolge zu steuern sowie sich selbst und ihr Handeln zu kontrollieren. Durch diese Betrachtungen kindlicher Entwicklungs- und Bildungsvoraussetzungen lassen sich altersmäßige wie auch individuelle Unterschiede in der kindlichen Kreativität und Artikulation von Bedürfnissen, Lernbereitschaft und Lernwillen, ihren Verstehensprozessen und kulturellen Bedingtheiten und Problemlösefähigkeiten erklären.

Gemeinsame Aktivitäten: Zentral für die kindliche Entwicklung sind die Zugehörigkeiten zu einer Familie, zu Verwandtschafts- und/ oder Freundesgruppen und zu anderen Gleichgesinnten. Durch gemeinsame Aktivitäten wie bspw. Spiel, Lernen, Bewegung oder andere praktische Tätigkeiten werden kindliche Bildungs- und Lernprozesse nachhaltig angeregt. Gleichzeitig begünstigen kooperative Dialoge innerhalb der sozialen Netzwerke sozial-kognitive Prozesse wie auch dynamische Interaktionen. Wissen, Motivationen, soziale und sprachliche Fähigkeiten einschließlich einer Infragestellung von Selbstbildern werden so gefördert.

Denken und Sprechen: Die Sinnhaftigkeit von Sprache, das Verhältnis von Denken und Sprechen sowie die Rolle der Emotionen für den Einsatz und die Steuerung von Sprache sind zentral für die kindliche Entwicklung. Mit der Herausbildung eines Bewusstseins für die Veränderung und Weiterentwicklung von Sprache benennt Lew Semjonowitsch Wygotski ein zentrales psychologisches Werkzeug, mit dem er kindliches Denken und den kindlichen Sprachgebrauch einordnet, um hilfreiche und notwendige Erklärungen für soziale und kulturelle Dynamiken zu ermöglichen. Durch Sprache kontrollieren und koordinieren Kinder ihre Wahrnehmungen und Deutungen der sozialen, kulturellen und physikalischen Umwelten mitsamt den damit einhergehenden Situationen und Problemlagen. Lew Semjonowitsch Wygotski geht in seinen Überlegungen von einer Einheit von kindlicher Wahrnehmung, Sprache und aktivem Handeln aus. Zentral ist jedoch auch der individuell unterschiedliche kulturelle Sprachgebrauch, der sogenannte kulturelle „Lehrplan", wie zum Beispiel die nonverbalen Demonstrationen und die Verwendung von Gestik und Mimik. Lew Semjonowitsch Wygotski teilt die kindliche Denk- und Sprechentwicklung in unterschiedliche Entwicklungsstadien ein. In der frühen Kindheit, bis zum Alter von zwei Jahren, entstehen Denk- und Sprachprozesse vielfach unabhängig voneinander und erst im Alter von drei Jahren verschmelzen diese Prozesse miteinander. Jetzt entwickeln Kinder eine sogenannte private Sprache, auch egozentrisches Sprechen genannt, ein hörbares Sprechen mit sich selbst. Erst ab sieben Jahren werden die Denk- und Sprachprozesse so weit verbunden, dass sich Wahrnehmung, Sprache und Aktion (aktives Handeln) aneinanderfügen und miteinander verknüpfen. Die interpersonale Sprache wird zur intrapersonalen Sprache und Kinder setzen nun komplexe Verstehens-, Abstraktions- und Reflexionsprozesse miteinander in Beziehung.

> Lew Semjonowitsch Wygotski entwickelte einen instrumentellen Ansatz der Lernmotivation, um die komplexen Vorgänge kindlichen Lernens mit möglichst einfachen Prinzipien und Regeln zu erfassen.

Seine theoretischen Überlegungen konnten den wissenschaftlichen Blick auf den zentralen Einfluss soziokultureller Kontexte für die kindliche Entwicklung öffnen, wenngleich seine Überlegungen zu den kindlichen Entwicklungsstufen wie auch zur Dichotomie von kindlichem Denken und Sprechen sehr fragmentarisch geblieben sind. Sie können durch die aktuellen Befunde der Neuropsychologie nicht vollumfänglich bestätigt werden. Jedoch erscheinen seine Ideen zur kulturellen Bedingtheit von Sprache und Denken als zentrale Voraussetzungen für Interaktionsprozesse äußerst relevant, da er damit ein kulturpsychologisches Werkzeug entwickeln und bereitstellen konnte, welches es ermöglicht, kindliche Sprachentwicklung sowie das kompetente Handeln von Kindern in ihre jeweiligen soziokulturellen Kontexte einzubetten.

Literatur zum Weiterlesen:

WYGOTSKI, Lew Semjonowitsch (1971): Denken und Sprechen (3. Aufl.). Frankfurt/M.

WYGOTSKI, Lew Semjonowitsch (1987): Ausgewählte Schriften. Band 2: Arbeiten zur psychischen Entwicklung der Persönlichkeit. Köln.

WYGOTSKI, Lew Semjonowitsch (1975): Zur Psychologie und Pädagogik der kindlichen Defektivität. In: Die Sonderschule, Jg. 20, Heft 2, Berlin (Volk und Wissen), S. 65–72.

3.10 Neue Wege der Kleinkindpädagogik: Emmi Pikler (1902 – 1984)

Die ungarische Kinderärztin Emmi Pikler wurde im Jahr 1902 in Wien geboren und wuchs in einer ungarisch-jüdischen Handwerkerfamilie überwiegend in Budapest auf. Sie studierte Medizin in Wien, promovierte und spezialisierte sich auf den Bereich Kinderchirurgie. Mehr als zehn Jahre lang arbeitete sie als Familienärztin in Ungarn und konzentrierte sich auf die Pflege und Erziehung von Säuglingen und Kleinkinder mit besonderem Augenmerk auf vernachlässigte, verwaiste und unterernährte Kinder. Sie hielt Fachvorträge und veröffentlichte eine Vielzahl von Schriften, gründete das Säuglingsheim Lóczy, welches sie bis 1979 leitete. Ihre Schriften wurden erst seit den 1990er-Jahren international wahrgenommen und ihre methodischen wie auch didaktischen Überlegungen als die sogenannte Pikler-Pädagogik verbreitet. Im Jahr 2004 wurde das ungarische Pikler-Institut gegründet, welches Bildungsdienstleistungen (Fort- und Weiterbildungsmaßnahmen, Begleitschriften, Handlungsanleitungen, Filme usw.) und kindgerechte Einrichtungsgegenstände und Spielzeuge kommerziell vertreibt. Es bildeten sich mehrere Stiftungen und Gesellschaften heraus wie zum Beispiel die „Stiftung Zeit und Raum“ oder die „Hengstenberg-Pikler-Gesellschaft“, die die Ideen, Handlungsanleitungen und Materialien der Pikler-Pädagogik teilweise international verbreiten. Die Hengstenberg-Pikler-Gesellschaft entstand aus der Zusammenarbeit von Emmi Pikler und Elfriede Hengstenberg (einer italienisch-deutschen Bewegungspädagogin) und versteht sich als Netzwerk von Pädagog*innen, Therapeut*innen und Lehrer*innen, die Konzepte der Kleinkindpädagogik praxisbezogen vermitteln. Insbesondere eine sich als katholisch verstehende Kleinkindpädagogik hat sich in den letzten Jahren verstärkt der Pikler-Pädagogik zugewendet. Als überaus zentral werden folgende Veröffentlichungen angesehen:

> „Laßt mir Zeit. Die selbständige Bewegungsentwicklung des Kindes bis zum freien Gehen. Untersuchungsergebnisse, Aufsätze und Vorträge“ (2001),

„Miteinander vertraut werden. Erfahrungen und Gedanken zur Pflege von Säuglingen und Kleinkindern“ (2002),
„Friedliche Babys – zufriedene Mütter. Pädagogische Ratschläge einer Kinderärztin“ (2008).

Getragen werden die kindheitspädagogischen Überlegungen von Emmi Pikler von ihren mehr als 50-jährigen Beobachtungen und Erfahrungen im Umgang mit Kindern und ihren Familien. Leitmotivisch hat sich Emmi Pikler mit dem „Mangel an Vertrauen in das Kind“ seitens der Erziehenden und Pflegenden auseinandergesetzt (Tardos 2015, 29). In die körperliche kindliche Entwicklung sollte nicht willkürlich eingegriffen werden, bspw. im Hinblick auf den Zeitpunkt, von dem an Kinder sich auf den Bauch drehen oder hinsetzen sollten. Der Umgang mit dem Kind sollte sich an der kindlichen (Bewegungs-)Entwicklung orientieren:

> *„Um das Kind unsere Liebe fühlen zu lassen, müssen wir es nicht verwöhnen. Wir müssen es nur kennenlernen und gut beobachten. […] Das sich Kennenlernen ist freilich gegenseitig. Während wir das Kind kennenlernen, beginnt auch das Kind uns kennenzulernen, und zwar vor allem unsere Hände. Die Hände bilden die erste Beziehung des Säuglings mit der Welt (außer dem Stillen). Hände heben ihn auf, legen ihn hin, waschen, kleiden, füttern ihn eventuell auch. Welcher Unterschied: Wie anders ist das Bild der Welt, das sich für den Säugling offenbart, wenn ruhige, geduldige, behutsame, aber doch sichere und entschlossene Hände mit ihm umgehen – und wie ganz verschieden gestaltet sich die Welt, wenn diese Hände ungeduldig, derb oder hastig, unruhig und nervös sind. Am Anfang bedeuten für den Säugling die Hände alles, sie sind der Mensch, die Welt“ (Pikler 2008, 60f.).*

Mit ihren Überlegungen wollte Emmi Pikler die erwachsenen Perspektiven auf die Entwicklungs- und Bildungsprozesse der Kinder verändern.

Emmi Piklers pädagogische Grundlegungen fußen auf einem Kindheitsbild, das Kindern frühe Kompetenzen und Aktivitäten im Kontext der jeweils möglichen kulturellen und sozialen Praxen zuerkennt.

Die Ziele ihrer Erziehungs- und Bildungsperspektivierungen können wie folgt zusammengefasst werden.

Vertrauen in das Kind: Erwachsene sollten dem Kind Vertrauen und Verständnis für die je individuelle Bewältigung der kindlichen Entwicklungsschritte entgegenbringen, welche die Beziehungsqualität ausmacht. Emmi Pikler ging davon aus, dass sich Kinder aus eigener Kraft und durch selbstständiges Ausprobieren zu autonom handelnden Individuen ausbilden. Kinder sind von sich aus stets aktiv, wenn sie nicht in ihren Bewegungsmöglichkeiten eingeschränkt werden. Daher sollten Kindern ausreichend Freiräume gelassen werden, um ihre motorische, emotionale und kognitive Entwicklung nicht einzuschränken (ebd.).

Achtung der Autonomie des Kindes: Den Kindern sollten ausreichend Zeiten, Räume und Ruhemöglichkeiten zur Verfügung gestellt werden, damit sie ihren eigenen Rhythmus und die Grenzen ihres Tuns kennenlernen können (Autonomieentwicklung) (ebd.). Erwachsene sollten die kindlichen Erkundungen wohlwollend und interessiert begleiten und fördern.

Kooperation mit dem Kind: Die Kinder sollten die Möglichkeit zur freien Bewegung und zum freien Spiel haben, damit sie sich eigenständig für eine Beschäftigung entscheiden können und angeregt werden, sich schöpferisch und kreativ zu betätigen. Dazu brauchen Kinder Zeit, Ruhe und geeignete Materialien. Äußerst relevant für die kindlichen Erziehungs- und Bildungsprozesse ist das soziale Miteinander, also der Umgang mit anderen (Erwachsenen und

Gleichaltrigen). Leitmotivisch sollten sich die Interaktionen in Bildungs- und Erziehungsprozessen an idealen Vorstellungen von Kooperation und gegenseitiger Achtung orientieren (ebd., 32).

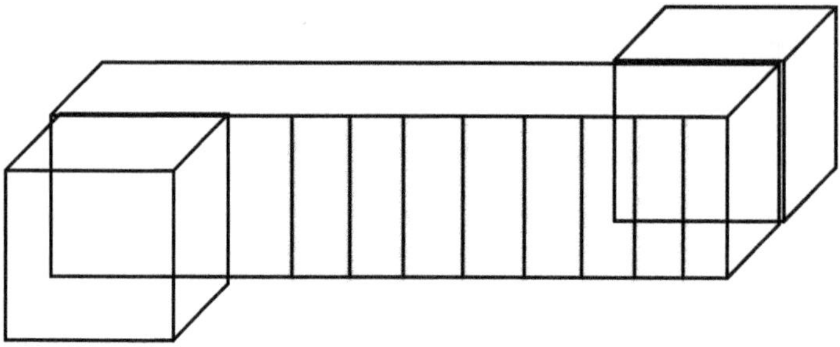

Abbildung 7: Das Pikler-Labyrinth: ein Klettergerüst für Kleinkinder ab ca. zwei Jahren (eigene Darstellung)

Soziale Kompetenz: Kinder sollten bei ihrem alltäglichen Handeln und Spiel stets gestärkt und unterstützt werden. Dabei ist die Vermittlung von Geborgenheit und Vertrauen zentral. Die Erwachsenen sollten die Kinder beobachten, die kindlichen Bedürfnisse, Äußerungen und Gesten sind stets zu beachten und es ist Anteil zu nehmen, um den Kindern emotionale Sicherheit zu vermitteln. Gewalt darf in keiner Form angewendet werden, auch wenn sich Kinder nicht kooperativ verhalten. Die kindliche Entwicklung von sozialer Kompetenz, Eigeninitiative und Aktivität sollten die zentralen Bezugspunkte eines jeden Erziehungshandelns sein. Dieses sollte von einem liebevollen Umgang, Respekt und Vertrauen dem Kind gegenüber bestimmt werden.

Demzufolge lassen sich aus diesen kindheitspädagogischen Überlegungen Emmi Piklers Leitlinien für professionelles Handeln in der frühen Kindheit herausfiltern:

- Respekt vor den kindlichen Eigeninitiativen, Aktivitäten, Bedürfnis- und Willensäußerungen sollten das professionelle Handeln bestimmen. Die Kinder sollten in ihrer Autonomieentwicklung stets unterstützt werden.

- Kinder sollten durch eine vertraute Bezugsperson in ihrer Entwicklung begleitet werden, um es ihnen zu ermöglichen, stabile persönliche Beziehungen einzugehen und auszuformen.
- Jedes Kind sollte in seiner Individualität akzeptiert, angenommen und geachtet werden. Die professionell Tätigen sollten immer bereit sein, Interesse an den kindlichen Aktivitäten und für das kindliche Handeln zu zeigen.
- Kinder sollten beobachtet und begleitet werden, ihr körperliches Wohlbefinden und ihre gesunde Entwicklung sind stets in den Blick zu nehmen.

Emmi Pikler erfuhr große Anerkennung für die von ihr vorgenommene Weiterentwicklung pädagogischer Grundgedanken und durch deren Fundierung mittels empirischer Befunde wie bspw. Beobachtung und Selbstbeobachtung. Sie konnte damit ein sehr demokratisches und gewaltfreies Erziehungs- und Bildungskonzept begründen. Jedoch werden ihre pädagogischen Entwürfe auch häufig kritisiert. Das selbstständige Spiel, die Ablehnung von Hilfestellungen und die scheinbare Nichtregulierung des Erziehungsgeschehens werden vielfach skeptisch betrachtet, da oft davon ausgegangen wird, dass nur durch eine ausgewogene Förderung, angeleitete Beschäftigung bzw. Lernen und eigene Forschungen sowie Möglichkeiten des Ausprobierens Erziehungs- und Bildungsprozesse in sinnvoller Weise stattfinden können. Auch die starke Fokussierung auf Familienerziehung erfährt immer wieder eine prüfende Auseinandersetzung, da andere familiale Perspektiven dadurch unberücksichtigt bleiben.

Zusammenfassend kann daher festgehalten werden, dass Emmi Piklers kindheitspädagogische Überlegungen hinsichtlich eines emotionalen und sozialen Umgangs mit Kindern und der kindgerechten Gestaltung von Räumen, Zeiten und Spielgelegenheiten dazu führt, dass kindliche Freiräume und die Entwicklung von Autonomie, bspw. durch die freie Ausgestaltung von Spiel und Bewegung, von Erkundungen und Forschungen immer auch gerahmt sind durch ideale Wertvorstellungen als sogenannte „Orientierungshilfen", wie bspw. naturgemäße Erziehung, ein ausgeglichenes Familienleben, Ausdauer und Beständigkeit.

Literatur zum Weiterlesen:

PIKLER, Emmi (2001): Laßt mir Zeit. Die selbständige Bewegungsentwicklung des Kindes bis zum freien Gehen. Untersuchungsergebnisse, Aufsätze und Vorträge (mit Anna Tardos) (3. Aufl.). München.

PIKLER, Emmi (2002): Miteinander vertraut werden. Erfahrungen und Gedanken zur Pflege von Säuglingen und Kleinkindern (3. Aufl.) (Hg.: Anna Tardos, Lienhard & Laura Valentin). Freiamt.

PIKLER, Emmi (2008): Friedliche Babys – zufriedene Mütter. Pädagogische Ratschläge einer Kinderärztin (9. Aufl.). Freiburg.

TARDOS, Anna (2015): Das Kind ist ein Akteur seiner Entwicklung. In: Gilles-Bacciu, Astrid/Heuer, Reinhild/Bildungswelt der Erzdiözese Köln e.V./Pikler Gesellschaft Berlin (Hg.): Pikler. Ein Theorie- und Praxisbuch für die Familienbildung. Weinheim, S. 29–34.

3.11 Community Education: Paulo Freire (1921–1997)

Paulo Freire war ein brasilianischer Pädagoge und Publizist. Sein Vater war Militärpolizist, jedoch wurde seine Familie durch die Weltwirtschaftskrise sehr arm und er musste nach Jaboatão dos Guararapes (Stadt im brasilianischen Bundesstaat Pernambuco) umziehen. Seine guten Schulleistungen ermöglichten es ihm, Jura zu studieren, und er konnte als Anwalt arbeiten. Jedoch konnte er durch diese Tätigkeit sein starkes Interesse an wissenstheoretischen Auseinandersetzungen in der Philosophie, Psychologie, Pädagogik, den Sprachen und gesellschaftspolitischen Themen wie bspw. die Verminderung von sozialer Ungleichheit nicht weiterentwickeln. Er gab demzufolge seinen Beruf auf, unterrichtete als freier Lehrer Portugiesisch, heiratete die Lehrerin Elza Maia Costa de Oliveira und gründete eine Familie, aus der fünf Kinder hervorgegangen sind. Nach einem weiteren Studium der Erziehungswissenschaft wurde er Direktor der Abteilung für Erziehungswissenschaft und Kultur im Bundesstaat Pernambuco (Brasilien) und arbeitete als Dozent für Philosophie und Erziehungswissenschaft an der Universität von Recife. 1959 promovierte er dort. Bereits 1947 entwickelte er eine Alphabetisierungskampagne. Sein Unterricht orientierte sich an den von ihm selbst entwickelten methodischen und didaktischen Vorgaben. Innerhalb von 40 Unterrichtsstunden sollten Lesen und Schreiben erlernt werden können. Durch den brasilianischen Präsidenten João Belchior Marques Goulart wurde seine Arbeit sehr unterstützt und gefördert. Jedoch wurde Paulo Freire in der Zeit der Militärdiktatur inhaftiert und nach Bolivien abgeschoben. Anschließend wanderte er nach Chile aus. In den folgenden Jahren war er als Professor an der Harvard University, von 1970 an als Counsellor of the Office of Education beim World Council of Churches in Genf tätig. Er arbeitete für unterschiedliche internationale Organisationen als Berater und Koordinator und übernahm wichtige Positionen im Bildungsbereich. Bis heute wird als sein wichtigstes Werk

> „Pädagogik der Unterdrückten. Bildung als Praxis der Freiheit" (1973).

weltweit rezipiert. Seine Bücher wurden vielfach verboten, zugleich aber in viele Sprachen übersetzt.

Bis heute werden seine grundsätzlichen Überlegungen in vielen pädagogischen Bereichen wie zum Beispiel in der Kindergartenarbeit und in außerschulischen Angeboten für Kinder und Jugendliche diskutiert und angewendet. Paulo Freires Ideen liefern notwendige Erklärungen für die gesellschaftlich bedingten sozialen und kulturellen Dynamiken. Sie werden leitmotivisch bestimmt von anthropologischen Annahmen über kulturelle und symbolische Formen des Denkens, dem „Situationsansatz" (aktuelle Handlungs- und Ausdrucksformen leiten sich aus zurückliegenden Erfahrungen, Wahrnehmungen, Deutungen und Einsichten ab) sowie dem „dialogischen Prinzip", mit dem er die Beziehungen zwischen Lernenden und Lehrenden beschreibt. Ausgehend von dem Grundsatz, dass pädagogisches Handeln niemals neutral sein kann, sondern i.d.R. die Handlungsrichtung, -ziele und -absichten durch die Erziehenden bestimmt werden, war es das Anliegen von Paulo Freire, soziale, politische und wirtschaftliche Widersprüche in der Gesellschaft zu thematisieren. Seine Kritik entzündete sich an der bisherigen Vermittlung von Erziehung und Bildung, der sogenannten Bankiers-Methode (Anpassung an gegebene gesellschaftliche Verhältnisse), an der Kultur des Schweigens (kein gemeinsamer Austausch und gemeinsame Aktionen gegen die herrschende Unterdrückung) und an den Mythen zur Aufrechterhaltung des gesellschaftlichen Status quo (die Unterlegenheit der Unterdrückten, Hierarchien, Ordnungs- und Machtverhältnisse).

> Paulo Freire entwickelte mit der sogenannten „problemformulierenden Bildung“ (Wahrnehmung und Begreifen der eigenen Lebenssituation) einen Bildungsansatz, der das Ziel hatte, die Gesellschaft zu reformieren.

Seine pädagogischen Perspektivierungen lassen sich wie folgt systematisieren:

Schule der Welt: Paulo Freire ging davon aus, dass es eine Vielzahl von Lernorten und Lernanlässen sowie Lernsituationen gibt und dass Lerngeschichten wie auch Bedingungen für die Bildsamkeit von Menschen höchst individuell sind. Wörter, Themen, Lernmaterial und -situationen, das Curriculum, didaktische Vermittlungsformen und -methoden sind gesellschaftlich und kulturell kodiert. Sie können durch die Vermittlung von Bildung und Praktiken der Subjektivierung (in gesellschaftlichen Prozessen hervorgebrachte Selbstgestaltungsprozesse und Selbsttechniken) dekodiert werden. Die damit einhergehenden Veränderungsmöglichkeiten können das politische Interesse, die Motivation, die Bildungssituationen wie auch die gesellschaftlichen Ordnungs- und Machtzusammenhänge verändern.

Bewusstseinsbildung: Zentral in den pädagogischen Überlegungen von Paulo Freire ist die Entwicklung eines kritischen Bewusstseins. Er unterscheidet drei Stadien der subjektiven Bewusstseinsbildungsprozesse und Bewusstwerdungsprozesse, die von den persönlichen Gefühlen, Meinungen, Wahrnehmungen und Deutungen beeinflusst werden:

- *naiv-transitiv:* Die gesellschaftliche Situation und/oder persönliche Situation ist unveränderlich und vorgegeben.
- *semi-transitiv:* Erst dialogisch gestaltete Erziehungs- und Bildungsprozesse führen zur Bewusstwerdung von gesellschaftlichen Widersprüchen und Ambivalenzen.
- *kritisch-transitiv:* Die kritische Reflexion der gesellschaftlichen Ungleichheiten führt zu Veränderungen.

Dialogisches Prinzip: Nach Paulo Freire können Bildungsprozesse nur in Form einer gegenseitigen Vermittlung und Aneignung stattfinden. Diese höchst demokratischen Vorgaben für die Form, den Inhalt und die Praxis von Erziehungs- und Bildungsprozessen soll es ermöglichen, dass jeder Wissen, Können und Handeln übermitteln und sich aneignen könne. Gegebene gesellschaftliche Situationen und Verhältnisse, die Unterschiede im Wissen wie auch in der Ermöglichung von Handlungskompetenzen können dadurch verändert werden. Wissen, Denkprozesse, Kreativität sollen die Grundlage für persönliche, berufliche und politische Entscheidungsprozesse sein.

Befreiung und Autonomie: Paulo Freire hat seine Überlegungen zu Denk- und Handlungsprozessen nicht nur im Sinne einer christlichen Glaubensorientierung theologisch begründet, sondern auch durch philosophische und anthropologische Grundlegungen fundiert. Seine Vorstellungen von einer Pädagogik der Autonomie (1966) gehen davon aus, dass es jedem ermöglicht werden solle, einen ergebnisoffenen Weg der Autonomieentwicklung einzuschlagen. Nur durch die gesellschaftliche Sicherstellung von Freiheit und Würde aller könne eine gemeinschaftliche Gestaltung der gesellschaftlichen Verhältnisse im Sinne eines politischen Befreiungsaktes der Unterdrückten stattfinden. Entscheidungsfreiheit und Verantwortungsbereitschaft sollten in einem sinnvollen Wechselverhältnis ständig miteinander ausbalanciert werden. Normen und Maximen der Lebensführung, die Verantwortung für sich selbst und für andere werden im Zusammenhang mit ethischen Grundfragen diskutiert und umgesetzt, bspw. die Erklärung von Wert- und Sinnpräferenzen, Beispiele einer sinnvollen und wertschätzenden Lebensführung.

Die grundlegenden pädagogischen Überlegungen Paulo Freires lassen sich leitmotivisch anhand seiner Ideen von einer gerechteren, freiheitlicheren und demokratischeren Gesellschaft, in der es weniger Diskriminierung, Rassismus, Machtungleichheit gibt, beschreiben. Er hat äußerst konsequent seine Forderungen nach einer Solidarität mit armen Menschen formuliert. Dazu hat er Begriffe und Erkennungscodes entwickelt wie bspw. Parteilichkeit oder auch Erziehung zur Befreiung als Analyseinstrument für die Tauglichkeit von gesellschaftlichen Entwicklungsstufen. Die somit immer wieder diskutierten pädagogischen Grundeinstellungen im konkreten Erziehungs- und Bildungsgeschehen, bspw. die Frage nach den ethischen Grundlagen für pädagogisches Handeln, von Möglichkeiten des Widerstands, der Verhinderung von Abhängigkeiten und Machtverhältnissen, werden bis heute diskutiert. Seine grundsätzliche Kritik an der bürgerlich-kapitalistischen Realität und seine Ideen zur Neugestaltung von gesellschaftlicher Wirklichkeit können für sich allein jedoch noch nicht zur Klärung der Frage führen, inwiefern die konflikthaften gegensätzlichen Entwürfe von Gerechtigkeit, Zukunftsfähigkeit, Bildungsfähigkeit, Fortschritt und Lebensqualität in einer globalisierten, sehr voneinander abhängigen und gleichzeitig entgrenzten „einen Welt“ miteinander in Einklang gebracht werden können.

Literatur zum Weiterlesen:

FREIRE, Paulo (1966): Pädagogik der Autonomie. Reinbek.

FREIRE, Paulo (1973): Pädagogik der Unterdrückten. Bildung als Praxis der Freiheit. Reinbek.

PAULO Freire Kooperation e. V.: http://www.freire.de/ 01.07.2020.

	Bild vom Kind	Erziehung und Bildung	Kindheitspädagogische Grundlagen
Ellen Karolina Sopie Key (1849–1926)	Autonomie, Kinderrechte	Familie	Spiel, freie Form des Lernen
Rudolf Steiner (1861–1925)	Dreiheit des Menschen	Kindergarten	Natur, Spiel, Bewegung, Ernährung und Raum
Rosa Agazzi (1866–1951) Carolina Agazzi (1870–1945)	Kind als Akteur, aktiv, lernwillig	Kinderhaus	Natur- und (Sozial-)Raum
Maria Montessori (1870–1952)	Kinderrechte, Respekt	Kindergarten	Didaktische Materialien, kosmische Erziehung
Janusz Korczak (1878–1942)	Autonomie, Kinderrechte	Waisenhaus	Demokratieerziehung, Partizipation, Kinderrepublik
Alexander Sutherland Neill (1883–1973)	Freiheit als Grundlage für Bildungsprozesse	Selbstregulation	Demokratieerziehung, Partizipation Selbstregierung
Anton Semjonowitsch Makarenko (1888–1938)	Gemeinschaftswesen	Arbeitsheim für Kinder und Jugendliche	Arbeit und Lernen in Gruppen
Siegfried Bernfeld (1892–1953)	Naturtatsache und soziale Tatsache	Schulsiedlung	Erziehung als geistige Tat, beziehungsvoll gestaltete Interkationen
Lew Semjonowitsch Wygotski (1896–1934)	Sozio-kultureller Kontext	Familie	sozial-kulturelle Bedingtheit von Sprache, Denken und Aktion
Emmi Pikier	kompetent und aktiv	Familie	demokratisch und gewaltfrei, Rahmung von pädagogischem Handeln (Raum, Zeit, Struktur)
Paulo Freire	Befreiung und Autonomie	Gesellschaft	problemformulierende Bildung, Gesellschaftskritik

Tabelle 2: Theoretische Konzeptionalisierungen im „Jahrhundert des Kindes“

Reflexionsfragen

Inwiefern charakterisieren die theoretischen Ansätze des dritten Kapitels das „Jahrhundert des Kindes“? Beschreiben Sie zentrale Ziele der kindheitspädagogischen Handlungsfelder.

Erläutern Sie in Stichpunkten, inwiefern sich kindheitspädagogische Problemstellungen in theoretische Systematisierungen einordnen lassen.

Wie können pädagogische Handlungen als kindheitspädagogische Entwicklungs- und Bildungsaufgaben dargestellt werden?

4. Neuere Konzepte und Ansätze der Kindheitspädagogik

Innerhalb dieses Themenschwerpunkts werden kindheitspädagogische Auseinandersetzungen im engeren Sinne vorgestellt, die das breite Spektrum theoretischer Analysen in der Kindheitsforschung zu erfassen und zu konzentrieren suchen. Es soll ein Einblick in die Formen der Konstitution zeitgenössischer kindheitspädagogischer Überlegungen in verschiedenen sozialen Feldern gegeben werden. Der Fokus der vorgestellten theoretischen Analysen liegt entsprechend darin, nachvollziehbar relevante Unterscheidungsmerkmale wie auch Verknüpfungen von kindheitspädagogischen theoretischen Bestimmungen je nach ihrer Positionierung in den einzelnen sozialen Feldern der doch teilweise sehr ausdifferenzierten deutschen Bildungslandschaften möglich zu machen.

Prinzipiell wird in der nachfolgenden Zusammenschau theoretischer Überlegungen von einer Offenheit gegenüber fachpraktischen und wissenschaftstheoretischen Fragestellungen ausgegangen. Neben den Entwicklungen kindheitspädagogischer Fragestellungen in ausgewählten konzeptionellen Umsetzungen sollen auch theoretische und empirische Weiterentwicklungen mitberücksichtigt werden. Oftmals lassen sich die Grenzen zwischen diesen hier vorgenommenen Zuordnungen nur schwer ziehen. Es zeigen sich viele Überschneidungen und Verbindungen zu den klassischen Ansätzen wie auch identische Facetten bei gleichzeitigen Ansätzen einer Globalisierung von Kindheitsbildern und pädagogisch-konzeptionellen Ausrichtungen der Kindertagesbetreuung. Ansätze wie bspw. spieltheoretische Überlegungen, von Bewegungspädagogik, Museums-, Theater- und Zirkuspädagogik, Musik- und Kneipkindergarten werden nicht ausgeführt, da diese zwar vereinzelt umgesetzt werden, jedoch keine so breite theoretische wie empirische Ausdifferenzierung erfahren haben.

Daher kann es nur darum gehen, exemplarische Blicke auf zeitgenössische kindheitspädagogische Überlegungen, Meilensteine und Brennpunkte vorzunehmen – auch um deren Innovationsversprechen kritisch zu hinterfragen.

Festhalten lässt sich an dieser Stelle, dass sich insgesamt in den kindheitspädagogischen Auseinandersetzungen die Bilder auf und von Kindern und Kindheit verändert haben. Es werden zunehmend die Bedürfnisse, Interessen und Rechte von Kindern in den Blick genommen, während gleichzeitig die strukturelle Wirkung der generationalen Ordnung sowie von gesellschaftlichen Machtverhältnissen in ihren Auswirkungen auf die Organisation und Professionalisierung kindheitspädagogischer Wissensbestände reflektiert werden. Dieser deutlich sichtbare Perspektivwechsel auch in der wissenschaftlichen Auseinandersetzung um Kinder und Kindheit ist nicht nur darauf zurückzuführen, dass eine stärkere Berücksichtigung der Ausdifferenzierungen und Vielfältigkeit von Geschlechter- und Familienordnungen deutlich zunimmt, Bildungs- und Qualitätsstandards in der Organisierung der Betreuung, Erziehung und Bildung diskutiert werden, sondern dass sich auch auf der Grundlage quantitativer und qualitativer Forschungsbefunde neuere Perspektivierungen in der Bedeutung von Leitbildern, rechtlichen und gesellschaftlichen Anerkennungen ergeben. Die immer wieder durch gesellschaftliche Veränderungen angestoßenen Reformbestrebungen – teilweise auch aus einem bestimmten Zeitgeist heraus entstanden – haben dazu geführt, dass die für notwendig gehaltenen Veränderungen im Bildungsbereich umgesetzt werden konnten. Es ist eine neue Fokussierung der pädagogischen Ansätze und Konzeptionen entstanden, welche kindzentriert, partizipativ und auf Mündigkeit ausgerichtet ist, jedoch immer im Kontext der regionalen Besonderheiten.

4.1 Reggio-Pädagogik: Entdeckende, forschende und kreative Kinder

In den 1970er-Jahren entstand in der norditalienischen Stadt Reggio Emilia das „Early Childhood Education Programm“, die „Reggio-Pädagogik“. Der italienische Pädagoge Loris Malaguzzi begründete 1945 einen Volkskindergarten mit dem Ziel, zusammen mit dem Kind, seiner Familie und mit Bezug zur sozial-räumlichen Umgebung des Kindes eine kommunale Erziehungs- und Bildungskonzeption zu entwickeln. Sechs städtische Kindertageseinrichtungen übernahmen anfänglich das Konzept der Reggio-Pädagogik. Damit reagierten sie auf die Notlage der bis dahin nicht oder nicht ausreichend betreuten Kinder. 1980 gründete Loris Malaguzzi den „Nationalverband der Krippen und Kindergärten". Er konnte mit seinen Ausstellungen, der Organisation von Kongressen, Fortbildungen, der Zeitschrift „Bambini" und der Stiftung „Reggio Children" (1994) die Idee von Kindererziehung als Gemeinschaftsaufgabe einer Stadt und ihrer Bewohner*innen international verbreiten. Träger der Reggio-Pädagogik ist die Stadt Reggio Emilia, sowohl in juristischer, finanzieller als auch konzeptioneller Hinsicht, mit vierzig Krippen und Kindertagesstätten.

Grundlegend orientiert sich die Reggio-Pädagogik an der geistigen Bewegung des Humanismus. Die Achtung der Menschenwürde, eine demokratische Gesellschaftsvorstellung, Optimismus, Offenheit, Gewaltfreiheit und Ganzheitlichkeit sind zentrale Ziele der Bildungsbewegung. Kinder wurden als eigenständige Rechtsträger angesehen, sie sollten stets die Möglichkeit erhalten, ihre Bedürfnisse und Interessen zu artikulieren, wahrzunehmen und zu verwirklichen. Die Reggio-Pädagogik wird eher als eine Erziehungs- und Bildungsphilosophie verstanden und weniger als ein Theoriemodell (Knauf 2017).

> Die zentralen Bausteine der Reggio-Pädagogik sind die Integration von Denkwerkzeugen (Vorstellungen, Beobachten, Sprache, Wissen und Können) sowie emotionaler und ästhetischer Bildung (Empfinden, Fühlen, Handeln). Aber auch die Kunsterziehung und Raumgestaltung (als dritter Erzieher) sowie ein stetiger Austausch aller, vielfach in Form von Projektarbeit, sind wesentliche Gestaltungsmomente der Erziehungs- und Bildungsprozesse. Die kindlichen Potenziale (Kinder als Entdecker, Forscher und Künstler) werden vollumfänglich anerkannt.

Folgende zentrale Aspekte stehen in der Reggio-Pädagogik im Vordergrund:

Das Bild vom Kind: Kinder sind kompetent, sie handeln eigenständig und interessengeleitet. Kinder haben einen eigenen Willen, sie entwickeln sich selbstständig, sie eignen sich – auch unabhängig von anderen – Wissen und Können an, sie wollen die Welt verstehen und erforschen (Weltkonstruktion) und sind, ganz im Sinne des Kernsatzes der Reggio-Pädagogik, neugierig und aktiv, mit anderen Worten: „eifrige Forscher". Sie haben viele Gaben und Fähigkeiten, machen Fehler (Versuch und Irrtum), testen ihr Können und ihre Grenzen aus. Kinder bilden sich innerhalb eigenständig festgelegter Zeitstrukturen. Sie sind aktive Konstrukteure ihrer eigenen Lern- und Bildungsprozesse und sozialen Welten.

Identität und Gemeinschaft: Kinder sind Mitglieder von Gemeinschaften, der Familie, des Kindergartens und ihres sozialen Umfelds. Sie bringen sich mit ihren Kompetenzen in die Gemeinschaften ein, verändern und entwickeln dadurch deren Qualität weiter. Ihre Identität (personal, sozial und kulturell) entwickelt sich in der Auseinandersetzung mit anderen, also der Kommunikation und Interaktion, der Reflexion von eigenen und fremden Wahrnehmungen und Deutungen in den jeweiligen Erziehungs- und Bildungsprozessen und Bildungssituationen.

Bildung und Lernen: Kindliche Bildungs- und Lernprozesse weisen zwei grundlegende Aspekte auf: Zum einen geht es um die Öffnung und Aufnahme von Wissen durch den Beziehungsaufbau und zum anderen um die Weiterentwicklung und Veränderung von Wissen durch Lernen, Forschen und Gestalten.

Erziehungs- und Bildungsprojekte: Mit der Gestaltung von Projekten durch die Kinder soll ihre aktive Rolle als „Konstrukteure" ihrer Entwicklung und ihres Wissens gesichert werden. Dies können Spielhandlungen (Bauspiele, Entdeckungs- oder Erkundungsspiele) oder auch Gemeinschaftshandlungen (Ausflüge, Feste usw.) sein. Ziel ist es, neben der Ermöglichung und Einübung von alltäglichen Fertigkeiten Erziehungs- und Bildungsinhalte mit den Kindern zusammen zu strukturieren sowie soziale Erfahrungen zu ermöglichen.

Erziehende: Aus dem Verständnis heraus, Erziehung und Bildung als Gemeinschaftsaufgabe zu begreifen, werden die Einrichtungen für Kinder als „Häuser" für Kinder und Familien verstanden. Erziehungsberechtigte und -verantwortliche werden als „liebende Erwachsene", als Experten für die Lebensgeschichte des Kindes angesehen, für ihre jeweils spezifischen Interessen, Vorlieben, Fähigkeiten, Neigungen usw. Die Erzieher*innen beobachten, begleiten und unterstützten die Kinder, sie forschen mit den Kindern, bestärken sie in ihren Selbstlernprozessen, die Kinder können ihnen vertrauen.

Bildungsräume: In der Reggio-Pädagogik wird der Raum, in dem Erziehungs- und Bildungsprozesse stattfinden, als „dritter Erzieher" betrachtet. Durch die Gestaltung von Räumen mit und für Kinder soll eine Atmosphäre der Geborgenheit, Ruhe und Stille und des Wohlbefindens geschaffen werden und gleichzeitig soll er die Kinder anregen, aktiv zu sein (Materialien zum Spielen, Forschen und Gestalten).

Dokumentation: Durch die „sprechenden Wände" (Wand-Dokumentationen) oder auch die Sammlungen der Arbeiten der Kinder in Heften, Fotobänden oder auch Videos werden nicht nur die von den Kindern gestalteten Materialien dokumentiert, sondern die Kinder werden selbst aktiv in diese Gestaltungsprozesse einbezogen. Ihre Arbeiten werden wertgeschätzt, sie erhalten eine Rückmeldung und können sich erinnern.

Folgende Orientierungsmuster beschreiben die Aufforderungsstrukturen der Reggio-Pädagogik, die durch die Wanderausstellung „Die 100 Sprachen der Kinder" seit 1981 in vielen Ländern gezeigt wurde, u.a. im Jahr 2012 in Chemnitz unter dem Titel „The Wonder of Learning" (reggio-deutschland.de):

Hundert Sprachen des Kindes:
Ein Kind
hat hundert Sprachen,
hundert Hände,
hundert Gedanken,
es besitzt
hundert Weisen zu denken,
hundert Weisen zu spielen,
hundert Weisen zu sprechen,
hundert, immer hundert Weisen,
zu hören,
zu staunen,
zu lieben,
hundert Möglichkeiten
zum Singen,
zum Verstehen
hundert Welten zu träumen,
99 seiner hundert Sprachen werden dem Kind geraubt.
(Malaguzzi o.J.)

Mit der Reggio-Pädagogik wird der Kindergarten zu einem Ort der Begegnung für alle Menschen in der Stadt bzw. Kommune. Dies bedeutet aber auch, dass die Erzieher*innen, Eltern und Kinder stets zur engen Zusammenarbeit aufgefordert sind. Für die konkrete Umsetzung der pädagogischen Ziele sind die Erzieher*innen auf Hilfe von „außen“ angewiesen. Erziehungs- und Bildungsziele werden gemeinsam festgelegt. Kinder haben viel Freiheit, können eigene Entscheidungen treffen, jedoch gibt es keinen strukturierten Tagesablauf, was für Kinder, die diesen benötigen, oftmals nicht angemessen und zufriedenstellend ist. Viel zu häufig steht nicht ausreichend Personal zur Verfügung, um zum Beispiel auf besondere Bedürfnisse von Kindern eingehen zu können.

Seit 1995 findet die Verbreitung der Ideen der Reggio-Pädagogik durch den Verein „Dialog Reggio e. V.“ statt, der sich in Regionalgruppen untergliedert und sich als Netzwerk für die Organisation von Qualifizierungsangeboten, Fachtagungen und Studienreisen versteht.

Literatur zum Weiterlesen:

MALAGUZZI, Loris (o.J.): „Und es gibt Hundert doch". Hundert Sprachen hat das Kind (Il cento linguaggi dei bambini). In: Reggio Children (Hg.) (2002): Hundert Sprachen hat das Kind. Ausstellungskatalog. Neuwied und Berlin.

REGGIO CHILDREN (Hg.) (2013): Kindertagesstätten und Krippen der Stadt Reggio Emilia. Reggio Emilia.

KNAUF, Tassilo (2017): Reggio-Pädagogik. Berlin.

4.2 Kinderladen: Die ganzheitliche Mensch-Bildung

In den 1960er-Jahren entwickelten sich alternative, selbst verwaltete Initiativen, die „Kinderläden", als Alternative zu den bis dahin vorrangig kommunal und kirchlich organisierten Einrichtungen der Kinderbetreuung bzw. Kindertagesbetreuung. Vielfach kamen die Kinderladengründer*innen aus dem studentischen Milieu sowie den wieder entstandenen sozialen Bewegungen, u.a. auch aus der zweiten Frauenbewegung (Göddertz 2018; Mauritz 2018). Es ging um eine Neuordnung der generationalen, geschlechtlichen und gesellschaftlichen Verhältnisse. Die Betreuung, Erziehung und Bildung von Kindern wurde mehrfach kodiert. Es ging um die Auseinandersetzung mit den bisherigen Denkformen und Rollenzuweisungen, den Selbstdeutungen des sozialen Erbes (persönliche und kollektive Schuld) sowie den Fallstricken der kulturellen, technologischen und politischen Transformationen in der Nachkriegszeit. Als notwendig wurde die innere bzw. geistige Bildung erachtet, um die erforderliche veränderte Positionierung in der organisierten Betreuung, Erziehung und Bildung von Kindern im Vorschulalter vornehmen zu können. Es konnte sich die Kinderladenbewegung als Teil einer gesamtgesellschaftlichen Protestbewegung herausbilden.

Die Kinderläden waren in meist freien Trägervereinen organisiert. Die erziehungs- und bildungstheoretischen Grundannahmen orientierten sich an zentralen Ideen der Reformpädagogik und der kritischen Erziehungswissenschaft.

> Die Beförderung von Kreativität, Autonomie, emotionaler und sozialer Kompetenz, Selbstvertrauen, ganzheitlicher Menschenbildung und Kritikfähigkeit sollten die Erziehungs- und Bildungsprozesse in der frühen Kindheit leitmotivisch rahmen.

Dabei dienten die Ansätze von Alexander Sutherland Neill, Siegfried Bernfeld oder Vera Schmidt[2] als zentrale Anknüpfungspunkte für ein verändertes Verständnis von Erziehung und Bildung in der frühen Kindheit.

Unter dem Stichwort „antiautoritäre" Erziehung, wurden Erziehungsmodelle entwickelt, die frei von Repressionen und machtvollen Ordnungsvorstellungen sein sollten[3]. Ziel war es, durch Erziehung und Bildung eine Veränderung der gesellschaftlichen Verhält-

2 Vera Schmidt (Wera Fjodorowna Schmidt) war eine in der Ukraine geborene Psychoanalytikerin, die in einem Moskauer Kinderheim ein psychoanalytisches Kinderheim-Laboratorium eröffnete. Sie war Gründungsmitglied der russischen psychoanalytischen Vereinigung und forschte zur psychischen Entwicklung von Kindern.

3 Zu unterscheiden ist die antiautoritäre Erziehung von der Antipädagogik. Letztere ist eine Strömung in der Pädagogik, die sich ebenfalls in den 1970er-Jahren herausbilden konnte. Das Konzept der Antipädagogik geht davon aus, dass das menschliche Verhalten und Handeln von Gefühlen und Intuitionen gelenkt und beeinflusst und nicht durch Erziehung und Bildung geformt wird. Kinder sollten weder beherrscht noch manipuliert werden. Pädagogik kann nicht im Kontext hierarchischer Strukturen stattfinden. Trotz aller Kritik an diesen Überlegungen konnten durch diese Perspektivierungen die Grenzen pädagogischen Handelns sowie die negativen Wirkungen von Pädagogik auf lebensalterstypische Bewältigungsmuster in den Blick genommen werden.

nisse zu ermöglichen. Regional und politisch gab es viele Unterschiede in der Herausbildung und Weiterentwicklung von Kinderläden. Die ersten Kinderläden entstanden in Frankfurt am Main (Kinderschule), gegründet von Monika Seifert, der Tochter des Psychoanalytikers und Schriftstellers Alexander Mitscherlich (Seifert 1970; Aden-Grossmann 2019), und in Westberlin, der „Sozialistische Kinderladen Berlin-Kreuzberg". Insbesondere in Berlin wurden die Kinderläden durch den Senat sehr unterstützt, es entstanden dort mehr als 270 Kinderläden als „El-Kita" (Elterninitiativ-Kindertagesstätte).

Bis heute unterscheiden sich die Konzeptionen der Kinderläden, die vorrangig in zahlreichen Großstädten der Bundesrepublik Deutschland in leer stehenden Geschäften, privaten Wohnungen und Ladenlokalen entstanden, wobei letztere Orte auch den Namen begründeten. Anfangs wurden viele Einrichtungen sehr provisorisch eingerichtet, die Ausstattung beschränkte sich auf das Notwendigste, auch mit dem Ziel, nicht die Beschäftigung mit Materialien oder die Ausgestaltung von Räumen in den Mittelpunkt von Erziehungs- und Bildungsprozessen zu stellen, sondern die intellektuellen, charakterlichen und sozialen kindlichen Entwicklungsmöglichkeiten. Es gab sehr unterschiedliche Organisierungsformen in der Zusammenarbeit mit den Eltern – auch hinsichtlich der pädagogischen Arbeit, ganz im Sinne der Gleichberechtigung und Gleichwertigkeit derjenigen, die an Erziehungsprozessen beteiligt sind –, wie auch in der konkreten Ausgestaltung des Alltags in den Initiativen, wie zum Beispiel die Regelungen zur Versorgung (Ernährung, Reinigung) oder auch zur Vernetzung im Sozialraum mit anderen Organisationen und Einrichtungen (wie bspw. durch Ausflüge, Projekte usw.). In ländlichen Gebieten entstanden Kinderläden häufig in Hofanlagen, die teilweise bis heute bestehen.

Aktuelle Forschungsergebnisse haben gezeigt, dass sich die Erziehungs- und Bildungsprozesse in Kinderläden maßgeblich an einem gemeinsamen Ziel orientierten (Bock et al. 2019). In den als „antiautoritär" bezeichneten Erziehungsvorstellungen wurde davon ausgegangen, dass sich in Kinderkollektiven Kinder zu freien Persönlichkeiten entfalten könnten, zu kritischen, selbstbewussten, widerstandsfähigen und solidarisch orientierten Gesellschaftsmitgliedern (Bock et al. 2019). Begründet wurde die für notwendig befundene Veränderung von kindlichen Erziehungs- und Bildungsprozessen, fern von den bis dahin vorherrschenden rigiden und als autoritär eingestuften Modellen der Kindererziehung in den öffentlichen Einrichtungen, durch folgende Entwicklungen (ebd.):

- Eine umfassende Kritik an den gesellschaftlichen und privaten Macht- und Ordnungsvorstellungen, die darauf beruhten, dass vorrangig Frauen für die Betreuung, Erziehung und Bildung von Kindern zuständig und verantwortlich sind.
- Gleichfalls wurden die völlig unzureichenden Betreuungsmöglichkeiten für unter sechsjährige Kinder in der Bundesrepublik Deutschland in den 1960er-Jahren kritisiert und es wurde versucht, auf die vorhandenen Bedarfe durch die Schaffung von Initiativen zu reagieren.
- Frühkindliche Erziehung und Bildung wurden als zentral für die Entwicklung und Entfaltung von Autonomie, Kreativität und forschendem Lernen angesehen (Heyden 2018).

In den 1970er-Jahren verstärkte und intensivierte sich die Institutionalisierung der Kinderläden. Zunehmend wurden Konzepte zur Professionalisierung frühpädagogischer Fachkräfte weiterentwickelt und in den Kinderläden sozialpädagogische Fachkräfte, wie etwa Erzieher*innen und/oder Kinderpfleger*innen, eingestellt. Die enge Zusammenarbeit mit den Eltern wurde diesen neuen Strukturen angepasst. Vielfach organisierten sich die Kinderläden unter Dachorganisationen, wie zum Beispiel der freien Wohlfahrtspflege. Eine Folge dieser Entwicklungen war, dass die Ausgestaltung der Räume (wie die sanitären Anlagen u. a.), der Tagesabläufe oder auch die Elterndienste verändert werden mussten. Jedoch wurde die grundsätzliche Idee einer zurückhaltenden pädagogischen Arbeit in offenen Kinderkulturen nicht aufgegeben: Und bis heute ist eine intensive Zusammenarbeit zwischen Fachkräften und Eltern in den Kinderläden äußerst relevant.

In Ostdeutschland entstanden erst nach 1990 Kinderläden, die teilweise bis heute als Elterninitiativen Angebote im Bereich der

Kindertagesbetreuung realisieren. Vielfach orientieren sich die konzeptionellen Zielsetzungen an reformpädagogischen Ideen. Durchschnittlich werden 15 bis 19 Kinder in den Gruppen betreut. Aus einigen Kinderläden sind Schulen entstanden, wie die „Glockseeschule“ in Hannover oder die „Freie Schule“ in Frankfurt. Die grundsätzlichen Ideen einer Veränderung der kindlichen Bildungs- und Erziehungsprozesse durch die Kinderladenbewegung haben dazu geführt, dass zentrale Impulse für eine Veränderung der öffentlichen Kinderbetreuung – auch für andere Bereiche der Kinder- und Jugendhilfe wie bspw. Kinder- und Jugendfreizeiteinrichtungen – gegeben wurden.

Kritisiert wurden an der konkreten Ausgestaltung des Erziehungs- und Bildungsgeschehens in Kinderläden nicht nur die kaum vorhandenen Regeln und Grenzen, sondern auch das freie Ausleben von Aggressionen wie von Gewalt gegenüber Anderen und die „freie“ kindliche Sexualität. Die angedachte Minimierung von Hierarchien zwischen Kindern und Erwachsenen findet sich nur ansatzweise in den aktuellen Konzeptionen der Kinderläden wieder.

Literatur zum Weiterlesen:

SEIFERT, Monika (1970): Kinderschule Frankfurt. In: Vorgänge 5, S. 158–162.

GÖDDERTZ, Nina (2018): Antiautoritäre Erziehung in der Kinderladenbewegung: Rekonstruktive Analyse biografischer Entwürfe von Zwei-Generationen-Familien. Wiesbaden.

HEYDEN, Franziska (2018): Die lebensgeschichtliche Bedeutung des Kinderladens: Eine biografische Studie frühkindlicher Pädagogik. Wiesbaden.

MAURITZ, Miriam (2018): Emanzipation in der Kinderladenbewegung: Wie das Private politisch wurde. Wiesbaden.

ADEN-GROSSMANN, Wilma (2019): Monika Seifert – Gründerin der antiautoritären Erziehungsbewegung. In: Bock, Karin/Göddertz, Nina/Heyden, Franziska/Mauritz, Miriam (Hg.): Zugänge zur Kinderladenbewegung. Wiesbaden, S. 9–26.

BOCK, Karin/Göddertz, Nina/Heyden, Franziska/Mauritz, Miriam (2019) (Hg.): Zugänge zur Kinderladenbewegung. Wiesbaden.

4.3 Der Situationsansatz

Der Situationsansatz entstand in den 1970er-Jahren der bundesrepublikanischen Nachkriegszeit als Reaktion auf die vorherrschenden Einflüsse von bildungsreformerischen Überlegungen. Reformpädagogische und institutionenkritische Bestrebungen wie bspw. die programmatische Verwendung der pädagogischen Vorstellung der „Community Education“ (Henry Morris) oder der „Befreiungspädagogik“ von Paulo Freire und der bildungsreformerischen Überlegungen von Saul B. Robinsohn haben die Ausgestaltung einer veränderten Praxis von Betreuung, Erziehung und Bildung in der frühen Kindheit ermöglicht. Es bildeten sich folgende drei Ansätze heraus, die das Ziel hatten, pädagogisches Handeln in Kindertageseinrichtungen bestmöglich zu gestalten:

1. Arbeitsgruppe des Deutschen Jugendinstituts (DJI): Die kritische Analyse der tatsächlichen kindlichen Lebenswirklichkeiten führte zu der Annahme, dass aktives Lernen im Kontext eines offenen Curriculums in den Institutionen der frühen Kindheit Kinder dazu befähigt, sich zu autonomen, kompetenten und solidarischen Gesellschaftsmitgliedern zu entwickeln.
2. Elementare Sozialerziehung: Leitmotivisch orientiert an der bildungstheoretischen Konzeption von Heinrich Roth wurden pädagogische Ideen zur Vermittlung von sozialem Lernen erarbeitet. Erziehungs- und Bildungsprozesse sollten ein Kompetenzgefüge ermöglichen, das die kindliche Entwicklung von Ich-, Sozial- und Sachkompetenzen begleitet und begünstigt.
3. Arbeitshilfe Nordrhein-Westfalen: Es wurden methodische Anregungen zur Planung und Organisation der Betreuung, Bildung und Erziehung in früher Kindheit ausgestaltet mit dem Ziel, das pädagogische Handeln am jeweiligen Entwicklungsstand und an der sozialen Situation der Kinder auszurichten.

Diese ersten Überlegungen führten zu weiteren Ausdifferenzierungen. Jedoch wurde mit dem Situationsansatz mehr eine Haltung beschrieben und weniger konkrete didaktische Rahmensetzungen für pädagogisches Handeln in der frühen Kindheit.

1996 wurde das Institut für den Situationsansatz der Internationalen Akademie der Freien Universität Berlin gegründet. Auch im Rahmen der Nationalen Qualitätsinitiative im System der Tageseinrichtungen für Kinder des Bundesministeriums für Familie, Senioren, Frauen und Jugend (BMFSFJ) fassten Jürgen Zimmer und Christa Preissing die zentralen Prämissen des Situationsansatzes in fünf Dimensionen und 16 Grundsätzen zusammen. Dies ermöglichte ihre bundesweite öffentliche Anerkennung. Die nachfolgend dargestellten pädagogischen Grundlegungen wurden nicht als Curriculum, sondern als Qualitätskriterien für pädagogisches Handeln konzipiert (Preissing 2007; Zimmer 2000).

> Die zentralen pädagogischen Themen des Situationsansatzes lassen sich in fünf Bereiche zusammenfassen: Lebensweltorientierung, Bildung, Partizipation, Gleichheit und Anerkennung von Verschiedenheit, Einheit von Inhalt und Form.

Aus diesen fünf Themenfeldern wurden konzeptionelle Überlegungen ausdifferenziert, die als zentrale Merkmale des Situationsansatzes angegeben werden (siehe ausführlich www.ina-fu.org):

1. „Die pädagogische Arbeit geht von den sozialen und kulturellen Lebenssituationen der Kinder und ihrer Familien aus."
2. „Erzieher*innen finden im kontinuierlichen Diskurs mit Kindern, Eltern und anderen Erwachsenen heraus, was Schlüsselsituationen im Leben der Kinder sind."
3. „Erzieher*innen analysieren, was Kinder können und wissen und was sie erfahren wollen. Sie eröffnen ihnen Zugänge zu Wissen und Erfahrungen in realen Lebenssituationen."
4. „Erzieher*innen unterstützen Mädchen und Jungen in ihren geschlechtsspezifischen Identitätsentwicklungen und wenden sich gegen stereotype Rollenzuweisungen und -übernahmen."
5. „Erzieher*innen unterstützen Kinder darin, ihre Phantasie und

ihre schöpferischen Kräfte im Spiel zu entfalten und sich die Welt in der ihrer Entwicklung gemäßen Weise anzueignen."

6. „Erzieher*innen ermöglichen, dass jüngere und ältere Kinder im gemeinsamen Tun ihre vielseitigen Erfahrungen und Kompetenzen aufeinander beziehen und sich dadurch in ihrer Entwicklung gegenseitig stützen können."
7. „Erzieher*innen unterstützen Kinder in ihrer Selbständigkeitsentwicklung, indem sie ihnen ermöglichen, das Leben in der Kindertageseinrichtung aktiv mitzugestalten."
8. „Im täglichen Zusammenleben findet eine bewusste Auseinandersetzung mit Werten und Normen statt. Regeln werden mit Kindern gemeinsam vereinbart."
9. „Die Arbeit in der Kindertageseinrichtung orientiert sich an Anforderungen und Chancen einer Gesellschaft, die durch verschiedene Kulturen geprägt ist."
10. „Die Kindertageseinrichtung integriert Kinder mit Behinderungen, unterschiedlichen Entwicklungsvoraussetzungen und Förderbedarf und wendet sich gegen Ausgrenzung."
11. „Räume und ihre Gestaltung stimulieren das eigenaktive und kreative Tun der Kinder in einem anregungsreichen Milieu."
12. „Erzieher*innen sind Lehrende und Lernende zugleich."
13. „Eltern und Erzieher*innen sind Partner in der Betreuung, Bildung und Erziehung der Kinder."
14. „Die Kindertageseinrichtung entwickelt enge Beziehungen zum sozial-räumlichen Umfeld."
15. „Die pädagogische Arbeit beruht auf Situationsanalysen und folgt einer prozesshaften Planung. Sie wird fortlaufend dokumentiert."
16. „Die Kindertageseinrichtung ist eine lernende Organisation."

Die Wirksamkeit des Situationsansatzes im Hinblick auf die Beförderung von kindlicher Autonomie, Mit- und Selbstbestimmung, Selbstständigkeit, auf die Umsetzung von Kinderrechten, Kreativität usw. ist bis heute wenig empirisch untersucht. Häufig wird als Kritikpunkt angeführt, dass die Anwendung der Maximen des Situationsansatzes zu einer Überforderung der Erzieher*innen führen kann, wenn die individuell und situativ wenig strukturierten Erziehungs- und Bildungsangebote nicht entsprechend geplant, reflektiert und bearbeitet werden können. Herausfordernd ist auch, dass Kinder, die einer stärkeren Aufmerksamkeit und/oder Förderung bedürfen, durch ausbleibende formale Lernanforderungen und durch die schwach vorstrukturierte Lernumgebung benachteiligt werden könnten. Ziel der pädagogischen Arbeit im Situationsansatz ist die Vermittlung von subjektiver Handlungsfähigkeit durch die Schaffung von basisdemokratischen Strukturen mit Möglichkeiten zur Selbstbestimmung in vorstrukturierten Lebensphasen. Gleichfalls soll das offene Curriculum es ermöglichen, die organisations- und professionsbedingten Aufforderungsstrukturen wie auch Begrenzungen des Handlungsfeldes der Kindheitspädagogik kritisch zu hinterfragen.

Literatur zum Weiterlesen:

ARBEITSGRUPPE VORSCHULERZIEHUNG DES DEUTSCHEN JUGENDINSTITUTES (1980): Curriculum Soziales Lernen. München.

ZIMMER, Jürgen/Preissing, Christa/Thiel, Thomas/Heck, Anne/Krappmann, Lothar (1997): Kindergärten auf dem Prüfstand. Seelze-Velber.

ZIMMER, Jürgen (2000): Das kleine Handbuch zum Situationsansatz. Weinheim.

PREISSING, Christa (Hg.) (2007): Qualität im Situationsansatz. Qualitätskriterien und Materialien für die Qualitätsentwicklung in Kindertageseinrichtungen. Berlin.

http://www.ina-fu.org/ista/content/pdf/konzeptionelle_grundsaetze.pdf (01.07.2020)

4.4 Der offene Kindergarten: Tätigkeits- und Funktionsbereiche

Auch durch Impulse reformpädagogischer Überlegungen und der kritischen Erziehungswissenschaft (u.a. Theodor W. Adorno: „Erziehung zur Mündigkeit“) wurde die Basis für eine offene Arbeit in der Kindertagesbetreuung gelegt. Axel Wieland, Gerhard Regel, Thomas Kühne, Regina Braun und Gerlinde Lill legten mit ihrem Fokus auf einen bildungsbezogenen Lebenslauf ein Handlungskonzept zum „offenen Kindergarten" vor. Kennzeichnend ist eine Konzentrierung des pädagogischen Handelns auf Vermittlungsperspektiven von kindlichen Bedürfnissen, das freie Spiel, eine veränderte Raumgestaltung in Erfahrungsräume, -bereiche und Zeitstrukturen. Diese Aufhebung des Formalisierungsgrades in den bislang pädagogisch installierten Kinderräumen wurde durch Erfahrungswerte aus der Praxis, aus Arbeitskreisen wie Ergebnissen der Fort- und Weiterbildung einer fortlaufenden Überprüfung unterzogen und für die Entwicklung weiterer Perspektivierungen geöffnet. Die Praxisfelder der kindheitspädagogischen Betreuung, Erziehung und Bildung sollten von und aus den feldspezifischen Handlungserfahrungen lernen. Ausgehend von einem ersten Bewegungsangebot wurden weitere Tätigkeits- und Funktionsbereiche geschaffen, die gruppenübergreifend Kindern neue und interessante Erfahrungs- und Erlebnisräume, Spiel- und Handlungsarrangements ermöglichen sollten.

> Die pädagogische Arbeit im offenen Kindergarten will an die Bedürfnisse und Interessen der Kinder anknüpfen. Die Ausgestaltung des Kindergartenalltags soll von den Kindern mitgestaltet und mitbestimmt werden. Kinder sollen zu Selbstbestimmung, gesellschaftlicher Mitverantwortung und sozialem Engagement befähigt werden.

Offene Arbeit im Kindergarten orientierte sich stets an Ansprüchen, die mit dem Thema Inklusion verbunden sind und somit einen offenen Umgang mit heterogenen kindlichen Lebenszusammenhängen als pädagogische Grundeinstellung ermöglichte. Kein Kind sollte ausgegrenzt werden; diese zentrale Herausforderung wurde handlungsübergreifend zum relevanten Bezugspunkt für pädagogisches Handeln. Somit wurde der Ansatz der offenen Arbeit im Kindergarten mit aktuellen gesellschaftspolitischen Diskussionen verbunden und dadurch begründet. In der konkreten Umsetzung dieser Perspektivierungen in pädagogisches Handeln bedeutete diese Vorgabe, eine kindzentrierte Sichtweise einzunehmen. Die institutionelle Begleitung des Aufwachsens von Kindern sollte sich daran orientieren, dass die Berücksichtigung der individuellen kindlichen Fähigkeiten und Bedürfnisse wirkmächtig pädagogisches Handeln bestimmen. Gleichfalls sollten eine Begrenzung der kindlichen Abhängigkeiten von Erwachsenen und Erziehenden ermöglicht und Kinder in ihrer Eigenständigkeit bestärkt werden.

Folgende Prämissen sollten pädagogisches Handeln im kindheitspädagogischen Arbeitsfeld des offenen Kindergartens rahmen:

Kinder sind autonome Gestalter ihrer Entwicklung:
Kinder sollen ihre Bedürfnisse, Interessen und Wünsche stets äußern, diese autonom erfüllen und diesen folgen können. Die Alltagsgestaltung des Lebensraums Kindergarten wird durch die Einbindung der Eigenaktivitäten der Kinder geformt, d.h. sie entscheiden selbstständig und selbstbestimmt, wann sie ihren existenziellen Bedürfnissen wie essen, trinken, spielen, forschen, schlafen, sich bewegen usw. nachgehen.

Vier Freiheiten des Spiels:
Sowohl die freie Wahl des Spielthemas (Inhalt, Partner*in, Dauer), des Spielorts, des Spielplatzes sowie der Spielmaterialien obliegt den Kindern. Häufig wird dieser Öffnungsanspruch durch eine „Gleichwertigkeit“ des Innen- und Außenbereichs umgesetzt sowie eine Umgestaltung von Gruppen- und Nebenräumen oder zum Beispiel Flurbereichen in Funktionsräume.

Lern- und Bildungsinhalte:
Kinder gestalten die Form, den Umfang sowie die Art und Weise der Lern- und Bildungsinhalte aus und mit. Das pädagogische Ziel der Wissensvermittlung und -erweiterung wird prinzipiell durch Möglichkeiten der kindlichen Selbstgestaltung gerahmt, zumeist im Kontext gruppenübergreifender Arbeiten. So können Kinder zum Beispiel zeitweise die Gruppen wechseln und die verschiedenen Angebote des Kindergartens sehr individuell nutzen.

Partizipation von Kindern:
Kinder wirken – im Sinne einer demokratischen Partizipation – an der konkreten Gestaltung des Lebensraums Kindergarten mit. Sie werden bei der Entwicklung von Regeln für das Zusammenleben, der Gestaltung von Räumen, auch des Außenbereichs, dem Umgang mit und dem Verbrauch von Materialien, zum Beispiel Spielmaterialien, sowie der Ressourcen einbezogen und an der pädagogischen Planung beteiligt.

Wohlbefinden von Kindern:
Durch einen je individuellen Bildungsplan soll das Wohlbefinden eines jeden Kindes mit seinen spezifischen Eigenheiten, Bedürfnissen und Interessen gefördert werden.

*Neujustierung der Rolle der Pädagog*innen und der Erziehungsberechtigten:*
Die Umsetzung der Prämissen des Situationsansatzes im kindheitspädagogischen Arbeitsfeld des offenen Kindergartens führte zu einer Veränderung des Bildungskonzepts und des Rollenverständnisses der Erziehenden. Die organisationalen Grenzen der Kindertageseinrichtungen sollten durchlässig gestaltet und die strukturellen Vorgaben flexibilisiert werden, bspw. durch eine Öffnung zu Fort- und Ausbildungsstätten oder zu Medien und der Politik. Ressourcen werden von den Kindern und den Erziehenden gemeinsam genutzt.

Die Offene Arbeit im Kindergarten erfordert von den Erziehenden viel Energie, ständige Initiative und Kreativität. Diese Schaffung von Freiräumen für das Ausleben von Bildungsmotivationen und -bedarfen gestaltet sich jedoch in der Praxis der frühkindlichen Betreuung, Bildung und Erziehung nicht immer widerspruchsfrei, da eine Orientierung an den länderspezifischen Bildungs- und Erziehungsplänen häufig eingefordert wird. Auch wird das „Verblassen“ einer konstanten Bezugsperson, eines fertigen Konzepts und klarer Strukturen häufig kritisiert, da es nicht immer gelingt, ein eigenständiges

Profil oder individuelle Schwerpunktsetzungen zu entwickeln. Ebenfalls müssen die Teamprozesse der pädagogischen Fachkräfte in der Kindertagesbetreuung ständig neu ausgestaltet werden, da nur durch die Zusammenarbeit und gemeinsame Verantwortung veränderte Handlungsanforderungen möglich sind. Eine kontinuierliche Reflexion der Erfahrungen, die Entwicklung und Erprobung neuer Ansätze, Methoden, didaktischer Konzeptionen erfordern eine ständige Kommunikation und eine veränderte Interaktion, teilweise konträr zu den organisationalen Begrenzungen und Hierarchien sowie den bisherigen Anforderungen an die professionelle Ausgestaltung der kindheitspädagogischen Handlungsfelder.

Die einzige Konstante des offenen Ansatzes ist die ständige Veränderung des pädagogischen Handelns, der organisationalen Aufforderungsstrukturen und Begrenzungen. Ziel ist es, auf die sich fortwährend wandelnden Wünsche, Bedürfnisse, Interessen und Lebensumstände der Kinder und Eltern einzugehen.

Der Ansatz des offenen Kindergartens hat – auch im Rückgriff auf die Ergebnisse der PISA-Studien, der Lehr-Lern-Forschung sowie der Entwicklungs- und Gehirnforschung – für die Weiterentwicklung der Erziehungs- und Bildungsprogramme und der didaktischen Konzeptionen wichtige Impulse gesetzt.

Literatur zum Weiterlesen:

LILL, Gerlinde (2006): Einblicke in die offene Arbeit (betrifft Kinder). Kiliansroda.

REGEL, Gerhard/Wieland, Axel, Jan (2007): Offener Kindergarten konkret: Veränderte Pädagogik in Kindergarten und Hort. Berlin.

REGEL, Gerhard (2011): Offener Kindergarten konkret in seiner Weiterentwicklung: Aus der Praxis für die Praxis, 20 Jahre später. Berlin.

4.5 Gesellschaftspolitischer Bezug der Erziehungs- und Bildungskonzepte in der DDR

Die Wurzeln der Erziehungs- und Bildungskonzepte, die sich in der ehemaligen Deutschen Demokratischen Republik entwickelten, können zurückgeführt werden auf die Bewältigung der großen Not von Familien (meist Frauen) und ihren Kindern in der Zeit nach dem Zweiten Weltkrieg. Der erste Kindergarten in der sowjetisch besetzten Zone wurde in Berlin (Stadtteil Weißensee) am 30.05.1945 eröffnet. Gegründet wurde er von zwei „SPD-Genossinnen" im Auftrag des Antifa-Ausschusses (Einheitsfront der antifaschistisch-demokratischen Parteien). Es folgten weitere Kindergartengründungen und die Gründung von Säuglingsheimen, Kinderkrippen (Tages- und Saisonkrippen), Erntekindergärten, Kinderheimen, Vorschulheimen und Horten. Diese Einrichtungen wurden stark staatlich gefördert und durch die Entwicklung von spezifischen Erziehungs- und Bildungsprogrammen begleitet, analog der neu gestalteten ideologischen Vorgaben der Sozialistischen Einheitspartei Deutschland. Mit diesen Formen der frühkindlichen Betreuung, Erziehung und Bildung sollten Grundlagen für eine Erziehung im sozialistischen Sinne geschaffen werden. Wesentliche Ziele, die auch rechtlich gerahmt wurden, waren der Mutter- und Kinderschutz (medizinische und hygienische Maßnahmen), die Wahrung der Rechte der Frau, Aufhebung der bürgerlichen Rollenverteilung, Gleichberechtigung der Geschlechter, Steigerung der Bevölkerungszahl und Unterstützung berufstätiger Mütter mit der Absicht, Fachkräfte für den Wiederaufbau und eine sich verstärkende Produktion zur Verfügung zu stellen. Einteilen lassen sich diese Entwicklungen folgendermaßen:

- Phase der antifaschistisch-demokratischen Umgestaltung des Bildungs- und Erziehungssystems in der Gründungszeit der Deutschen Demokratischen Republik in den Jahren 1945 bis 1949.
- Phase des Aufbaus der Erziehungs- und Bildungsangebote entlang sozialistischer Ideen in den Jahren 1949 bis 1961, des sogenannten Übergangs vom Kapitalismus zum Sozialismus.

- Phase der Gestaltung eines einheitlichen sozialistischen Bildungssystems in den Jahren 1961 bis 1962, analog zu den Vorgaben des VI. Parteitags der SED (Sozialistische Einheitspartei Deutschlands) im Jahr 1963.

In dieser Zeit wurde eine Vielzahl von Richtlinien, Verordnungen, Anordnungen und Anweisungen für die Ausgestaltung der staatlichen Einrichtungen erlassen und eine Vielzahl von Erziehungsplänen entwickelt (Stary 2018):

Die Entwicklungslinien der sogenannten „Kindergartenordnungen" in der DDR, die neben einer engen Verzahnung von Gesundheitsvorsorge (pflegerische und hygienische Aufgaben) und der frühkindlichen Bildung zentrale pädagogische Grundgedanken für die Ausgestaltung von Betreuungs- und Erziehungsprozessen aufweisen, können wie folgt dargestellt werden (ebd.):

- 1946: Richtlinien für den Kindergarten der sowjetischen Besatzungszone.
- 1953: Verordnung über die Aufgaben und Organisation der Krippen und Säuglingsheime als Einrichtungen des Gesundheitswesens.
- 1962: Richtlinie für Hygiene in Krippen und Heimen für Säuglinge und Kleinkinder.
- 1968: Anordnung über die Sicherung einer festen Ordnung in den Einrichtungen der Vorschulerziehung – Kindergartenordnung.
- 1973: Anweisung Nr. 1 zur Gewährleistung der sozialistischen Erziehung, der Betreuung und des Gesundheitsschutzes der Kinder in Krippen und Heimen.
- 1974: Anweisung Nr. 2 zur Gewährleistung der sozialistischen Erziehung, der Betreuung und des Gesundheitsschutzes der Kinder in Krippen und Heimen.
- 1975: Anweisung Nr. 3 zur Gewährleistung der sozialistischen Erziehung, der Betreuung und des Gesundheitsschutzes der Kinder in Krippen und Heimen.
- 1976: Verordnung über Kindereinrichtungen der Vorschulerziehung.

- 1983: Anweisung zu den Aufgaben der sozialistischen Bildung und Erziehung und zur Gewährleistung einer festen Ordnung in den Kindergärten – Kindergartenordnung.
- 1988: Anweisung über die Erziehung, Betreuung und den Gesundheitsschutz der Kinder in den Kinderkrippen – Krippenordnung.
- 1990: Anweisungen und Orientierungen zur Arbeit in den Kindergärten.

Gleichfalls wurden Erziehungspläne für Kinder in Krippen ausgearbeitet, die die Besonderheiten der unterschiedlichen Betreuungsformen berücksichtigten:

Erziehungspläne von 1956 bis 1985:

- 1956: Die Pflege und Erziehung unserer Kinder in Krippen und Heimen.
- 1957: Leitfaden für die Erziehung in Krippen und Heimen.
- 1958: Rahmenplan für die erzieherische Arbeit in Krippen und Heimen.
- 1967: Bildungs- und Erziehungsplan für den Kindergarten.
- 1973: Zur Arbeit mit dem Bildungs- und Erziehungsplan im Kindergarten.
- 1983: Krippenpädagogik. Pädagogik.
- 1985: Programm für die Erziehungsarbeit in Kinderkrippen.
- 1985: Programm für die Bildungs- und Erziehungsarbeit im Kindergarten.

Der Kindergarten wurde als Vorstufe zur Demokratischen Einheitsschule konzipiert und hatte die zentrale Aufgabe, Kinder zur Schulreife zu führen. Somit wurde in der ehemaligen Deutschen Demokratischen Republik der Kindergarten aus dem sozialfürsorgerischen Bereich der Kinder- und Jugendhilfe herausgelöst und in das Bildungssystem eingliedert. Schon Friedrich Fröbel stellte die Forderung, dass der Kindergarten eine gleichberechtigte Einrichtung mit eigenem Erziehungs- und Bildungsauftrag sein sollte. Ziel der sozialistischen Erziehungsideologie war es, die sich an den grundlegenden pädagogischen Ideen von Anton Semjonowitsch Makarenko,

Nadeschda Konstantinowna Krupskjaj und Iwan Petrowitsch Pawlow orientierte, dass Kinder zu allseitig entwickelten sozialistischen Persönlichkeiten erzogen werden sollten, die selbstständig denken und verantwortungsbewusst handeln und sich später aus voller Überzeugung in den Dienst der Gemeinschaft, des Volkes, stellen.

> Durch das sozialistische Erziehungs- und Bildungsprogramm sollte die Subjektstellung von Kindern berücksichtigt werden. Zentrale Aspekte der Erziehungs- und Bildungsarbeit waren Selbstbildung, die Vermittlung von Wissen und Können. Ziel war es, die Kinder zu befähigen, an Kinderkollektiven teilzunehmen und diese zu gestalten.

Es wurde davon ausgegangen, dass kindliche Bildungsprozesse durch die selbstständige Beschäftigung mit Bildungsinhalten, sozialen und kulturellen Tätigkeiten möglich werden. Trotz der Vorstellung, dass die Aneignung von Wissen nicht von außen erzeugt wird, sondern ein innerer Vorgang ist, sollte die kindliche Entwicklung auch vom Interesse, Mitgefühl, Spiel und der Fantasie und der Erzieher*innen angeleitet und gelenkt werden (Israel 2017). Inhalte, Ziele und die Dauer der Wissensvermittlung im Tages- und Wochenverlauf wurden angeleitet entlang den Vorgaben der Bildungs- und Erziehungspläne – spezifiziert nach Altersvorgaben. Die Einhaltung der Wochenziele wurde kontrolliert. Auch das freie Spiel fand in einem von Erzieher*innen kontrollierten und ausgestalteten Bereichen statt. Dabei wurde die Gestaltung der Kindergärten, der dazugehörigen Standorte, Freiflächen, Lärmschutz, Größe, Raumzuordnungen, Ausstattung, Spielzeug, Materialien, Einrichtung der Räume – auch eines „Isolierzimmers" – ebenfalls zentral geregelt.

Folgende Schwerpunktsetzungen kennzeichneten die Erziehungs- und Bildungsbereiche im Kindergarten. Gefördert werden sollten:

1. die Gesundheits- und körperliche (Sauberkeits-)Erziehung, die sprachliche und geistige Erziehung und Bildung der Kinder,
2. die ästhetische Bildung der Kinder, vor allem durch Kunst und Musik, und die sittliche Bildung in Bezug auf die Kultur, Hygiene und Gesellschaft,
3. die bewegungsorientierte Erziehung und Bildung der Kinder.

Nach diesen Vorgaben wurden die Tagesabläufe der Kinder wie folgt ausgestaltet:

6.15- 8.00	Begrüßung, spielerische, fröhliche Einleitung, Spiele, Gesundheitskontrolle
8.00- 8.30	Verteilung der Aufgaben, Körperpflege (z.B.: Waschen, Zähneputzen)
8.30- 8.50	Frühstück
8.50- 9.00	Spiele
9.00- 9.20	Beschäftigung
9.20- 9.30	Pause
9.30 - 9.45	Beschäftigung
9.45 -11.15	Spiele und Tätigkeiten (z.B.: Aufenthalt im Freien)
11.15-1130	Körperpflege (z.B.: Nagelpflege, Haare kämmen)
11.30-12.00	Mittagsmahlzeit
12.00-12.30	Waschen, Vorbereitungen zum Mittagsschlaf
12.30-14.30	Mittagsschlaf
14.30-15.15	Spiele und Tätigkeiten (z.B. Besuch eines Betriebs)
15.15-15.30	Pause
15.30-17.00	Beendigung des Tages, Spiel

Tabelle 4: Exemplarischer Tagesablauf (in Anlehnung an Höltershinken/Hoffmann/Prüfer 1997, 85, 300.)

Die hier angeführten Bestimmungen der pädagogischen Arbeit in den Betreuungseinrichtungen der Erziehung und Bildung in der frühen Kindheit wurden stetig weiterentwickelt. Die breiten fachlichen Diskussionen sind u. a. durch die Zeitschriften „Die Kindergärtnerin“, die „Blätter für Vor- und Außerschulische Erziehung“ (ab Heft 2 umbenannt in „Die Kindergärtnerin“) und die „Neue Erziehung im Kindergarten“ (ab Mitte der 1950er-Jahre) abgebildet.

Bis heute werden die Betreuungs-, Erziehungs- und Bildungsformen im Kontext der institutionellen Konkretisierungen, d.h. in Bezug auf die Ausgestaltung und Organisierung von frühkindlichen Institutionen, in der ehemaligen Deutschen Demokratischen Republik kritisch diskutiert. Und dabei geht es nicht nur um die Einführung und Anwendung von Kontrollmechanismen, die Gestaltung von Hierarchien und die Organisation von Betreuung, Erziehung und Bildung, die zur Aufgabe der familialen Erziehungsverantwortung führen sollten, sondern auch um die teilweise sehr mangelhafte Ausbildung, schlechte Vergütung, die beträchtlichen körperlichen und emotionalen Belastungen des Erziehungspersonals. Hohe Fluktuationen des Fachpersonals und ständige Betreuer*innenwechsel waren die Folge. Gleichermaßen wurden und werden die autoritär-kontrollierenden Erziehungs- und Bildungsstrategien (Sauberkeitserziehung, Isolierzimmer), die Nichtbeachtung der kindlichen Interessen und Bedürfnisse – qua Gruppen- bzw. Kollektivzwang –, Ängste und das tatsächliche Erleben der Erziehungs- und Bildungssituationen stark kritisiert. Immer wieder wird die Frage gestellt, durch welche „Erziehungsmechanismen" Autoritätsgebundenheit erzeugt werden kann und welche Möglichkeiten es gibt, Erziehungs- und Bildungsprozesse so zu gestalten, dass sich Empathiefähigkeit, Mündigkeit und Verantwortungsbewusstsein entwickeln können, oder ob sich eine Fokussierung auf diese Erziehungsziele als „fundamentaler Irrtum" erweist (Israel 2017). Mittlerweile liegen sehr unterschiedliche Befunde zur sozialen und emotionalen Entwicklung der Kinder (heute Erwachsenen) aus dieser staatlich gewollten und geförderten sozialistischen Erziehungs- und Bildungspraxis vor. Untersucht wurden die Möglichkeiten der heute Erwachsenen, Beziehungen zu gestalten, die gewünschten sozialistischen Selbstbilder zu entwickeln und die Auswirkungen der umfassenden frühen kindlichen Betreuung auf deren Kompetenzerwerb, ihre sozialen und beruflichen Biografien (Ahnert 2015; Gutknecht 2020; Israel 2017; Nentwig-Gesemann 1999).

Zum Weiterlesen:

HÖLTERSHINKEN, Dieter/Hoffmann, Hilmar/Prüfer, Gudrun (Hg.) (1997): Kindergarten und Kindergärtnerin in der DDR. Band I und Band II. Neuwied.

NENTWIG-GESEMANN, Iris (1999): Krippenerziehung in der DDR – Alltagspraxis und Orientierungen von Erzieherinnen im Wandel. Wiesbaden.

AHNERT, Lieselotte (2015): Wie viel Mutter braucht ein Kind? Bindung – Bildung – Betreuung: Öffentlich und privat. Heidelberg.

ISRAEL, Agathe (2017): Frühe Fremdbetreuung in der DDR – Erfahrungen mit der Krippenerziehung. In: Deutschland Archiv, 17.11.2017, Link: www.bpb.de/259587 (01.07.2020).

STARY, Ute (2018): Wochenkrippen und Kinderwochenheime in der DDR. In: Deutschland Archiv, 19.1.2018, Link: www.bpb.de/262920 (01.07.2020).

GUTKNECHT, Dorothee (2020): Betreuung, Bildung und Erziehung von Kleinstkindern in der Kita. In: Braches-Chyrek, Rita/Röhner, Charlotte/Sünker, Heinz/Hopf, Michaela (Hg.): Handbuch frühe Kindheit. Opladen, S. 581–594.

4.6 Waldkindergarten oder Naturkindergarten

Schon in der Natur- und Freiluftbewegung sowie in den Sozialreformbewegungen des 19. Jahrhunderts entstanden erste Überlegungen zu nicht räumlich gebundenen Kindergärten ohne Türen und Wände (zum Beispiel im Wald, am Strand, auf der Wiese). Die Betreuung, Erziehung und Bildung von Kindern sollte „im Freien" stattfinden. Die Öffnung von Lebens-, Spiel- und Erfahrungsräumen für Kinder wurde ebenfalls in Landkommunen und Ferienkolonien umgesetzt. Rosa Katz gründete 1926 in Warnemünde einen wandernden Kindergarten. Schon in den Schriften von Johann Amos Comenius, Friedrich Fröbel und Maria Montessori fanden sich Überlegungen zur Erziehung und Bildung von Kindern in der Natur. Ziel der Bestrebungen, Kinder im Freien zu erziehen und zu bilden, war es, belastende und schädigende Wirkungen der zunehmenden Verstädterung und Industrialisierung zu vermindern und dagegen eine naturgebundene Erziehung und Bildung zu ermöglichen.

Erste Konkretisierungen dieser Formen der offenen, freien, nicht räumlich gebundenen Kinderbetreuung fanden in der Nachkriegszeit statt. Diese Zeit gilt als Anfang der modernen Waldkindergartenbewegung; jedoch liegen bis heute keine Erkenntnisse über die Entwicklung von konkreten pädagogischen Konzeptionen dieser neu gestalteten Formen der vorschulischen Betreuung, Erziehung und Bildung vor (Röhner 2020). Anlass dieser zumeist privaten Initiativen war es, auf die Betreuungsnot der Familien und ihrer Kinder zu regieren. Aufgrund der großen Zerstörungen in den Nachkriegsjahren und der demzufolge kaum funktionsfähigen staatlichen oder konfessionellen Kinderbetreuung wie der Einbindung der Erwachsenen in den Wiederaufbau und die Subsistenzsicherung waren viele Kinder sich selbst überlassen. Es entstanden erste Formen solcher offenen Betreuungsarrangements in Augsburg, Berlin, Nürnberg, Ulm und München. Vielfach wurden sie durch Elterninitiativen und/oder „Kindertanten" privat organisiert – auch als Spazierkindergärten. Die Kindergruppen beteiligten sich an Ernteeinsätzen und an der Versorgung von Tieren. 1968 gründete Ursula Sube in Wiesbaden den ersten offiziell anerkannten Waldkindergarten, der bis heute existiert.

Auch in vielen skandinavischen Ländern entstanden seit Mitte des 20. Jahrhunderts Wald- und Naturkindergärten. 1952 gründete Ella Flatau in Søllerød (Dänemark) den ersten Waldkindergarten, der sich seit den 1970er-Jahren in Skandinavien weit verbreitete. Erste staatlich anerkannte Wald- und Naturkindergärten eröffneten 1993 in Flensburg, 1994 in Lübeck und in Berglen (Rems-Murr-Kreis). Vielfach wurden diese Kindergärten als eingetragene Vereine (e.V.) organisiert. Es bildeten sich Arbeitsgemeinschaften, Landesverbände und der „Bundesverband der Natur- und Waldkindergärten in Deutschland e.V." heraus. Ziel dieser Organisationszusammenhänge war es, Informationen über Natur- und Waldkindergärten zu verbreiten, einen fokussierten fachlichen Austausch zu ermöglichen (zum Beispiel durch Fachtagungen) und die zentralen pädagogischen und konzeptionellen Elemente der Wald- und Naturkindergärten, bspw. durch Fort- und Weiterbildungen, weiterzuentwickeln. Die Gründungen und Etablierungen von Wald- und Naturkindergärten haben dazu geführt, dass viele solcher Regelkindergärten Wald- und/oder Naturprojekte oder auch -tage und feste und/oder offene Natur- und Waldgruppen eingerichtet oder sich zu Wald- und Tierkindergärten weiterentwickelt haben, wie zum Beispiel das Projekt „Waldwärts" in Nordrhein-Westfalen (Röhner 2020, 262). Bei dem zuletzt genannten steht die Versorgung und Pflege von Tieren durch Kinder im Mittelpunkt. Die zentralen kindheitspädagogischen Zielsetzungen lassen sich wie folgt zusammenfassen (ebd., 256):

- Förderungen der kindlichen Motorik und Sinneserfahrungen in einem natürlichen Umfeld durch spannungsvolle, kreative Bewegungsanlässe und -möglichkeiten.
- Förderung der sprachlichen Entwicklung durch den notwendigen Austausch über Gegenstände, die Bedeutung von Spiel und den geringeren Lärm
- Sensibilisierung für die natürlichen Veränderungen wie den Wechsel der Jahreszeiten, das Wachstum von Pflanzen und Tieren sowie das Verstehen und Achten der Zusammenhänge ökologischer Vorgänge.
- Ganzheitliches praktisches Erleben und Lernen der Aktivitäten mit allen Sinnen in einer umfassenden Art und Weise (körperliche, sinnliche und emotionale Empfindungen und Wahrnehmungen können sich weiter ausbilden).
- Vermittlung von Grenzerfahrungen, die sich auf den Körper wie die Natur erstrecken können, und zum Beispiel das Beachten von Stille, von Wirkungen des kommunikativen Austauschs (Lachen, Schreien, Sprechen usw.) gehören zu den Lernprogrammen.

Getragen von der normativ-pädagogischen Vorstellung der Vermittlung einer Wertschätzung der natürlichen Lebensgemeinschaft Wald konnten sich die Wald- und Naturkindergärten weit verbreiten. Es wird vermutet, dass es derzeit mehr als 1.500 Waldkindergärten in Deutschland gibt. Neben staatlichen Zuschüssen werden diese Formen der frühkindlichen Kleinkindbetreuung durch Spenden und Elternbeiträge finanziert.

Ziel dieser pädagogischen Arbeit in der frühen Kindheit ist es, ein Gleichgewicht zwischen Erleben, Lernen, Spielen und Verantwortung für den nachhaltigen Umgang mit den natürlichen Ressourcen herzustellen.

Mittlerweile liegen tragfähige empirische, nationale und internationale Befunde über die Wirksamkeit des Lern- und Erfahrungsraums Wald vor (Röhner 2020, 261 f.). Die motorische Entwicklung der Kinder sowie der Wechsel zwischen Einzel-, Partner- und Gruppenspiel zeigt sich hier deutlich verbessert. Ebenso ist die Kommunikation und die Beziehungsgestaltung zwischen den Kindern und Erzieher*innen sehr friedvoll und konfliktarm, sicherlich auch bedingt durch die vielen Möglichkeiten des Rückzugs und der weitläufigeren Spiel- und Erfahrungsräume im Wald (ebd.). Die Lärm- und Stressbelastung ist deutlich vermindert, sodass diese Form von Betreuung, Erziehung und Bildung in der frühen Kindheit auch das physische und psychische Wohlbefinden stärkt und sich zum Beispiel positiv auf das Immunsystem wie auch die sozialen, emotionalen und mentalen Stressoren auswirkt. Jedoch sind die Kindergruppen der Wald- und Naturkindergärten häufig klein, sodass nur eine begrenzte Zahl von Kindern aufgenommen werden kann. Und auf der anderen Seite sind eben auch mögliche gesundheitliche Risiken nicht immer abschätz- oder ausschließbar, wie zum Beispiel durch die regional starke Verbreitung von Zecken oder den Aufenthalt im Freien bei jedem Wetter.

Literatur zum Weiterlesen:

MIKLITZ, Ingrid (2011): Der Waldkindergarten. Dimensionen eines pädagogischen Ansatzes. 4. aktualisierte und erweiterte Auflage: Berlin.

RÖHNER, Charlotte (2020): Natur- und Waldkindergärten. In: Braches-Chyrek, Rita/Röhner, Charlotte/Sünker, Heinz/Hopf, Michaela (Hg.): Handbuch frühe Kindheit. Opladen, S. 255–264.

4.7 Diversitätsdimensionen in der Kindheitspädagogik

Die sich stetig verändernden Theorie- und Wissenskontexte und die wechselnden Bedeutungszuschreibungen in den unterschiedlichen Wissensfeldern zum Thema Diversität machten es möglich, die vielfältigen Lebenslagen von Kindern und die daraus resultierenden divergenten Identitätsmuster und -merkmale verstärkt zu diskutieren. Nicht die Frage, ob es Vielfalt gibt, sondern in welcher Weise und mit welchem Interesse das Vorhandensein von unterschiedlichen kindlichen Bedürfnissen, Interessen, Wünschen und Fähigkeiten jeweils deklariert und konstruiert wird, steht im Mittelpunkt der Debatten. Insbesondere die mit der Lebenslage Migration verbundenen unterschiedlichen Bewältigungsstrategien und Folgen für die kindlichen Lebenssituationen werden seit den 1970er-Jahren auf politischer, gesellschaftlicher und wissenschaftlicher Ebene diskutiert. Immer wieder wird sich mit den biografischen Bearbeitungen des Migrationsgeschehens im Kontext sozialer, finanzieller und bildungsbedingter Risiken im Hinblick auf die Entwicklung von Lebenszielen, Lebensstilen und Wertvorstellungen auseinandergesetzt (Preiß 2013, 30). Es haben sich in den Erziehungs- und Bildungsbereichen der frühen Kindheit Konzeptionen zum Themenfeld Diversität, Vielfalt, Heterogenität und Pluralität herausbilden können. Nach einer ersten Phase der „Bewusstwerdung" vielfaltsrelevanter Themen in der Frühpädagogik sind Forschungszusammenhänge entstanden, die die soziale und vielfach dichotome Konstruiertheit von Normerfüllung und Normabweichung wie auch gesellschafts- und strukturanalytische Fragen in den Blick nahmen und eine Neuausrichtung hin zu einer diversitätsbewussten Frühpädagogik ermöglichten. Zentrale Prämisse der diversitätsbezogenen Anforderungen an die Betreuung, Erziehung und Bildung in der Kindertagesbetreuung ist es, die Vielfalt der kindlichen Lebenslagen als selbstverständlich zu erachten (Gramelt 2020, 276, 478).

Beispielhaft sollen diese Entwicklungen am Konzept der kultursensitiven Kindheitspädagogik dargestellt werden, da durch diese versucht wird, die Überlegungen einer vielfaltsbewussten Frühpädagogik in konkrete pädagogische Ansätze und Strukturen umzusetzen. Kulturelle Unterschiede sollen ganzheitlich betrachtet werden, um sowohl in der Organisation von Kindertageseinrichtungen als auch in der Ausgestaltung des konkreten pädagogischen Handelns der Fachkräfte den Umgang mit kultureller Vielfalt zu ermöglichen. Mit den zwei zentralen Zugängen wird dabei die Realisierung einer vielfaltsbewussten Frühpädagogik gerahmt:

Autonomieorientierung: Pädagogisches Handeln soll es stets ermöglichen, dass die Kinder ihre Fähigkeiten zu selbstständigem und verantwortungsbewusstem Handeln weiterentwickeln können. Kinder sollen dabei begleitet werden, ihre Lebensumstände weitgehend autonom zu gestalten, auch um die Folgen ihrer Entscheidungen in Bezug auf Fort- und Rückschritte tragen zu können (Borke/Keller 2014, 17).

Verbundenheitsorientierung: Ausgehend von der Annahme, dass Kinder in sozialen Gefügen aufwachsen, sollte das Geflecht von sozialen Verhaltenssequenzen im Hinblick auf die emotionale, psychische, traditionelle, kulturspezifische Verwobenheit der kindlichen Handlungen in sozialen Gemeinschaften berücksichtigt werden (ebd.).

Auch im Kinder- und Jugendhilfegesetz und in den länderspezifischen Bildungs- und Erziehungsplänen ist der bewusste Umgang mit Diversität im pädagogischen Handeln zentral. Die Berücksichtigung der unterschiedlichen kulturellen Entwicklungspfade und die daraus entstehenden Handlungsmöglichkeiten für Kinder und ihre Eltern werden als relevante Herausforderungen für pädagogisch-fachliches Handeln in den Lern- und Bildungszusammenhängen der frühen Kindheit angesehen. Für den Umgang mit kultureller Vielfalt in den kindlichen Lern-, Entwicklungs- und Bildungsräumen der Kindertagesbetreuung haben sich folgende drei Dimensionen (Kenntnis, Haltung und Leben mit Diversität) als bedeutsam erwiesen. Diese lassen sich wie folgt bestimmen (ebd.):

- *Kenntnis:* Notwendig ist es für die pädagogischen Fachkräfte, über diversitätsbezogenes Wissen zu verfügen, wie hinsichtlich der Auswirkungen von sprachlichen, kulturellen, sozialen, ökonomischen, geschlechter- und generationenspezifischen Verschiedenheiten auf die mögliche Gestaltung von Betreuungs-, Bildungs- und Erziehungsprozessen in der frühen Kindheit.
- *Haltung:* Pädagogisches Handeln soll stets wertschätzend sein, etwa hinsichtlich des Kommunikations- und Interaktionsge-

schehens sowie der Rahmung von institutionellen Settings (zum Beispiel Beratung) mit den Eltern und Kindern. Dazu ist es notwendig, die eigenen biografischen und alltäglichen Erfahrungen und Kompetenzen (wie etwa Empathie, Ambiguitätstoleranz) sowie die (Weiter-)Entwicklung von Norm- und Wertvorstellungen zu reflektieren.

- *Leben mit Diversität:* Diversitätsorientiertes Handeln ist ressourcenorientiertes Handeln, wie zum Beispiel hinsichtlich einer flexiblen Gestaltung von inklusiven Settings und Handlungsabfolgen, einer stetigen Berücksichtigung von kindlichen Bedürfnissen und Interessen wie auch der oftmals sehr unterschiedlichen Ausgestaltung kindlicher Entwicklungs- und Bildungsmöglichkeiten (wie etwa durch Traumata oder sonstige Beeinträchtigungen).

In der konkreten Grundlegung von vielfaltsbewussten Themen in der frühkindlichen Betreuung, Erziehung und Bildung führen diese Prämissen zu einer veränderten Zusammenarbeit mit den Eltern (z.B. durch Elternabende, Gespräche über die Entwicklungs- und Bildungsmöglichkeiten, Treffpunkte, Ausflüge, die Organisation von Festen usw.). Ebenso wird der Alltag in der Kindertagesbetreuung verändert, etwa durch die Modifizierung von Regeln und Ritualen (Mahlzeiten, Bewegungsangebote o.Ä.). Vielfach wird auch die Weiterentwicklung des professionellen Handelns hin zu einer vielfaltsorientierten Ausgestaltung der frühkindlichen Betreuung, Erziehung und Bildung durch Aus-, Weiter- und Fortbildungsangebote realisiert.

Die bisherigen diversitätsbewussten Ansätze in der Kindertagesbetreuung werden immer wieder als zu wenig eindeutig in der konkreten professionellen Ausgestaltung des pädagogischen Alltags sowie der nicht klaren Perspektivierungen institutionalisierter Vorgaben kritisiert. Häufig wird auch das Entstehen von spannungsreichen Zwischenräumen (zum Beispiel durch unterschiedliche Weltsichten, Lebensformen, Denk- und Handlungsräume) nicht ausreichend thematisiert. Diversitätsbezogene pädagogische Ansätze und Denkweisen werden auch als „Reparaturpädagogik für Einwandererkinder“ oder „Toleranztraining“ bezeichnet. Solche normativen Bewertungen zeigen, dass die Anerkennung von Vielfalt zwar einerseits dazu geführt hat, dass sich organisationale, strukturelle und situative Rahmenbedingungen in Kindertagesbetreuungen geändert haben, dass jedoch die neu entstandenen Wissenskulturen einer weiteren Entwicklung und Verbreitung bedürfen.

Literatur zum Weiterlesen:

BORKE, Jörn/Döge, Paula/Kärtner, Joscha (2011): Kulturelle Vielfalt bei Kindern in den ersten drei Lebensjahren. München: Deutsches Jugendinstitut e.V. Zugriff am 23.05.2020. Verfügbar unter: http://www.weiterbildungsinitiative.de/uploads/media/WiFF_Expertise_Nr_16_ Borke_Doege_Kaertner_Internet_PDF.pdf

BORKE, Jörn, Keller, Heidi (2014): Kultursensitive Frühpädagogik. Stuttgart.

GRAMELT, Katja (2020): Diversität in der frühen Kindheit. In: Braches-Chyrek, Rita/Röhner, Charlotte/Sünker, Heinz/Hopf, Michaela (Hg.): Handbuch frühe Kindheit. Opladen, S. 473–482.

4.8 Der Early-Excellence-Ansatz

Entstanden sind die Überlegungen zum pädagogischen Ansatz des Early Excellence in Großbritannien im Jahr 1997. Es ging im Kontext eines politischen Ausbauprogramms darum, Zentren für Familien und ihre Kinder zu schaffen, die intensive, niederschwellige und lebensweltbezogene Unterstützungs-, Beratungs- und Bildungsangebote in ausgewählten Stadtvierteln – meist mit Risikolagen (Armut, Arbeitslosigkeit usw.) – zur Verfügung stellten. Es sollte eine intensive Zusammenarbeit mit den Eltern und ihren Kindern ermöglicht werden, um auf die familialen und somit auch kindlichen Belastungen und Problemlagen früh reagieren zu können. Der Early-Excellence-Ansatz wurde in Großbritannien zum Programm „Children Centre“ weiterentwickelt[4].

4 Wichtig ist es in diesem Zusammenhang, auf die lange Geschichte der Familienzentren hinzuweisen, die schon zu Beginn des 20. Jahrhunderts durch die Sozialreformbewegungen insbesondere in den USA entstanden sind.

Als eine der ersten Adaptionen dieser Formen von integrierter Betreuung, Erziehung und Bildung von Kindern entstand 2001 in der Bundesrepublik Deutschland das „Berliner Kinder- und Familienzentrum Schillerstraße“ im Pestalozzi-Fröbel-Haus, das von der Dürr Stiftung finanziell unterstützt wurde. Weitere niederschwellige Angebote für Familien und ihre Kinder entstanden aus Basisinstitutionen der Familienbildung, wie zum Beispiel in Nordrhein-Westfalen, die jedoch nicht immer mit Early Excellence Centres gleichzusetzen sind und deren Zertifizierung häufig mit Landesrichtlinien verbunden sind (Sommer-Himmel 2020, 605).

> Das Early-Excellence-Zentrum ist eine „Gemeinschaft forschender Lernender“. Durch lebensbezogene Unterstützungs-, Beratungs- und Bildungsangebote soll eine intensive Zusammenarbeit mit Kindern und Eltern stattfinden, um Belastungen, Probleme und Konflikte gemeinsam bewältigen zu können.

Zu dieser Gemeinschaft gehören in gleichberechtigter Weise Kinder, Familien und das pädagogische Fachpersonal. Das pädagogische Handeln soll in einem ganzheitlichen Sinne stets die individuellen kindlichen Bildungsprozesse (Leistungen, Fähigkeiten) begleiten und fördern. Eltern und Erzieher*innen handeln auf einer gemeinschaftlichen und partnerschaftlichen Ebene, in dialogisch gestalteten Beratungs-, Erziehungs- und Bildungsprozessen. Ausgehend von den folgenden Prämissen soll das soziale Miteinander pädagogisch ausgestaltet werden:

- Die individuellen kindlichen Stärken, Kompetenzen und Fähigkeiten sollen durch Beobachtung und Dokumentation gezielt

---

In der Bundesrepublik Deutschland konnte sich ein erstes Familienzentrum in Brüggen (1996) durch den Verein „Familienzentrum Vennmühle“ etablieren.

wahrgenommen, entdeckt, gefördert, unterstützt und weiterentwickelt werden (Beobachtung und Dokumentation).

- Eltern werden in die pädagogische Arbeit stets miteinbezogen, da sie als die „ersten“ Erziehenden der Kinder gelten. Ihre Möglichkeiten zu Erziehung und Bildung sollen präventiv gestärkt werden.
- Kinder werden als kleine Forscher angesehen, die ihren Bedürfnissen und Interessen frei nachgehen sowie ihre Aktivitäten und Spielarrangements autonom ausgestalten sollen. Sie werden ermutigt, selbst zu entscheiden, angemessene Risiken einzugehen und zu experimentieren.
- Die Kinder sollen sich in den Family Centers wohlfühlen, sie erhalten durch die pädagogischen Fachkräfte kognitive Anregungen, Unterstützung sowie Zuwendung und Bestätigung, jedoch ohne sie damit einzuengen.
- Die pädagogische Arbeit orientiert sich an den Bedürfnissen und Interessen der Kinder und ihrer Eltern. Dies bedeutet, dass die Familien stets informiert werden und eher sanfte Interventionen eingeleitet werden – wie zum Beispiel Beobachtungen in respektvoller Distanz, Sensititivät gegenüber den familialen Kontexten, Einbeziehung der Eltern in die Betreuungs-, Bildungs- und Lernprozesse der Kinder – die die Erfahrungen der Eltern bzw. Familien mitberücksichtigen.

Ziel dieser Entwicklung von neuen Formen der Zusammenarbeit mit den Kindern und ihren Eltern ist es, eine Verbesserung der Betreuungs- und Bildungsqualität des pädagogischen Handelns in der frühen Kindheit zu ermöglichen. Neben der möglichst offenen Arbeit mit Phasen der Eingewöhnung, festen Ritualen und Regeln, einer gemeinsamen Sprache und einer stets positiven Grundeinstellung gegenüber den Eltern und ihren Kindern findet eine Orientierung entlang ethischer Prinzipien und Haltungen (Diversitätsbewusstsein, Demokratieorientierung usw.) statt. Familien werden in Fragen der Alltagsorganisation, der Vereinbarkeit von Familie und Beruf sowie durch Beratungs- und Familienbildungsangebote unterstützt.

Die Dokumentation und Information wie auch die konkrete Ausgestaltung von Kommunikations- und Interaktionsprozessen mit den Eltern und ihren Kindern ist daher in den Familienzentren sehr bedeutsam, wie dies zum Beispiel durch Foto- und Videoaufnahmen, Berichte, Situationsbücher, Entwicklungsordner oder Wandausstellungen geschieht.

Die pädagogischen Fachkräfte werden kontinuierlich fortgebildet, es finden intensive Teambesprechungen statt, auch um neue oder veränderbare Kooperationsmöglichkeiten ständig auszuloten.

Ebenso wird die Zusammenarbeit mit den Familien durch die Einrichtung von „Elternzeiten" (abends, nachmittags, an Wochenenden usw.), Gestaltung von Ausflügen, Kindergartenräumen, Festen, die gemeinsame Arbeit an Ausstellungen und Angebote der Eltern- und Familienbildung wie etwa Baby- und Krabbelgruppen, Runder Tisch zur Elternbildung u.a. intensiviert.

Diese niederschwelligen Angebote der Kindertageseinrichtungen als Familienzentren unterscheiden sich bundesweit durch unterschiedliche Kooperationsformen; so finden sich beispielsweise integrierte Modelle (alle Angebote finden in einer Einrichtung statt), koordinierte – die Kindertageseinrichtung koordiniert die Angebote in einem Stadtteil, kooperierende (die Kindertageseinrichtung kooperiert mit weiteren Partnern) und Mischmodelle (alle weiteren Formen der Kooperation und Netzwerkarbeit werden darunter subsumiert).

Wie jedoch langfristig im Kontext der hohen Anforderungen an die Zusammenarbeit von pädagogischen Fachkräften und Eltern die pädagogische Qualität gesichert werden kann, ist noch nicht abschließend geklärt, da die Ansprüche, Bedürfnisse und Interessen der Familien und der Fachkräfte häufig nicht übereinstimmen. Auch dem Anspruch, dass Erzieher*innen stets die Eltern (Mütter wie Väter) als ihre wichtigsten Verbündeten gewinnen müssen, kann aufgrund der starken Eingebundenheit von Familien in das „Gewiesele individualisierter Lebensführungen" (Ausbildung, Arbeit, Karriere, familiale Lebensplanungen, Vereinbarkeit von Beruf und Familie, Pflege usw.) nicht immer Rechnung getragen werden (Beck/Beck-Gernsheim 1994, 31).

Durch die Weiterentwicklung von multiprofessionellen Teams werden Möglichkeiten gesehen, den hier genannten divergierenden Anforderungen konstruktiv zu begegnen.

Literatur zum Weiterlesen:

HEBENSTREIT-MÜLLER, Sabine (2018): Early Excellence. In: socialnet Lexikon. Bonn. Link: https://www.socialnet.de/lexikon/Early-Excellence (01.07.2020).

SOMMER-HIMMEL, Roswitha 2020: Familienzentren. In: Braches-Chyrek, Rita/ Röhner, Charlotte/Sünker, Heinz/Hopf, Michaela (Hg.): Handbuch frühe Kindheit. Opladen, S. 605–613.

4.9 Kooperation und Kommunikation

Michael Tomasello (geb. 1950, in Bartow, Florida, USA), ein amerikanischer Anthropologe (Wissenschaft vom Menschen) und Verhaltensforscher, forscht am Max-Planck-Institut für evolutionäre Anthropologie in Leipzig. Er konzentriert sich in seinen Untersuchungen auf die kooperativen Formen menschlichen Denkens und Handelns in Anlehnung an die theoretischen Überlegungen von Lew Semjonowitsch Wygotski. Zwei Arten kindlicher Aktivität stehen dabei im Mittelpunkt seiner Forschungen, die Fähigkeit zur Zusammenarbeit und zur Kommunikation (insbesondere im zweiten Lebensjahr).

Michael Tomasellos Studien zum *Helfen und Kooperieren* zur frühen Entstehung von kooperativen Fähigkeiten bei Kleinkindern zeigen, dass diese über eine geteilte Intentionalität verfügen. Das ist die Fähigkeit, Ziele und Aufmerksamkeit gemeinsam mit anderen zu entwickeln. Schon im Alter von bis zu sechs Monaten nehmen Kinder mit Erwachsenen oder anderen Kindern eine zweiseitige (dyadische) Interaktion auf. Sie tauschen Emotionen, wie bspw. durch Lächeln, Berührungen, Blicke und Artikulationen vermittelt. Im Alter von neun bis zwölf Monaten erweitert sich diese Interaktion auf mehrere Personen oder auch Gegenstände (triadisch). Ganz besonders deutlich werden diese Fähigkeiten zur Kooperation im Alter von vierzehn bis achtzehn Monaten. Kinder helfen anderen, ihre Ziele zu erreichen. Diese Motivation zur sozialen Hilfsbereitschaft beruht auf der Fähigkeit, sich in andere „hineinzuversetzen", deren Intentionen zu verstehen und zu teilen.

Kooperative Kommunikation
Kinder kommunizieren mittels Gesten, bevor sie anfangen zu sprechen. Diese Kommunikation wird „prälinguistische Kommunikation" genannt. Die zeigende Geste hat für die Gestaltung kindlicher Kommunikationsprozesse eine herausragende Bedeutung. Kinder im zwölften Lebensmonat machen schon absichtsvoll Gebrauch von der deiktischen Geste, um jemanden auf ein Ding ihres Interesses aufmerksam zu machen. Dieses Zeigen ist von dem kindlichen Bedürfnis motiviert, Erfahrungen und emotional gefärbte Erlebnisse auszutauschen. Kinder sind nicht damit zufrieden, wenn sich die Erwachsenen ihnen zuwenden, dabei aber die pointierende Geste ignorieren. Sie wollen die volle Aufmerksamkeit der Erwachsenen, und nicht nur, um die anderen wissen zu lassen, dass sie Dinge nicht kennen, sondern auch, um mit ihnen Emotionen und Erfahrungen zu teilen. Sie haben eine Vorstellung davon, ob die Erwachsenen Wissende oder „Ignoranten" sind, und verfügen über die soziale Motivation zu helfen. Diese veranlasst Kinder, andere mit benötigten und hilfreichen Informationen zu versorgen, z.B. wenn Gegenstände wiedergefunden werden müssen oder wenn zusammen aufgeräumt wird.

> Kindliche Kommunikation beruht nach Michael Tomasello auf zwei Pfeilern der geteilten Aufmerksamkeit: erstens dem Ausdruck einer gemeinsamen Absicht; zweitens einer Kommunikation zu kooperativen Zwecken.

Mit dieser Herausbildung einer neuen theoretischen Fundierung für die psychologische Entwicklung von Kindern identifiziert Michael Tomasello folgende acht Merkmale, die sogenannten „fruchtbare Momente“ in Erziehungs- und Bildungsprozessen:

- soziale Kognition,
- Kommunikation,
- kulturelles Lernen,
- kooperatives Denken,
- Zusammenarbeit,
- Prosozialität,
- soziale Normen,
- moralische Identität.

Die Untersuchungsergebnisse von Michael Tomasello verweisen nicht nur auf die Einzigartigkeit der menschlichen Entwicklungsprozesse, sondern lassen auch einen zeitlichen Ablauf, der die kindliche Erziehung und Bildung als Selbsterkenntnis und soziale Veränderung rahmt, erkennen. Wie Kinder mit anderen zusammenwirken und kommunizieren (wie sie miteinander kooperieren), wie sie sich mit anderen an soziokulturellen Tätigkeiten beteiligen, ist immer wieder zentraler Gegenstand seiner Ideengänge. Durch die Überlegungen von Michael Tomasello wird die Frage äußerst relevant, inwiefern durch das Zusammenspiel menschlicher Kognition die Herausbildung von Sozialität möglich wird und wie die kooperativen Kulturpraktiken des Lehrens und des auf Konformität abzielenden Lernens die menschliche Weitergabe von Kultur ermöglichen. Trotz dieser sehr positiven Einschätzung der menschlichen Entwicklungsmöglichkeiten mit der starken Fokussierung auf Wertschätzung, Respekt, Achtung und Interesse am Wohlergehen des anderen fehlt in diesem noch sehr jungen Forschungsfeld die Berücksichtigung von kindlichen Ängsten, Wünschen und Umsetzungsmöglichkeiten von in diesem Kontext sozial „schwierigen“ Bedürfnissen wie zum Beispiel dem nach Aggressivität.

Literatur zum Weiterlesen:

TOMASELLO, Michael (2010): Warum wir kooperieren. Frankfurt/M.

TOMASELLO, Michael (2020): Kooperation und Kommunikation im zweiten Lebensjahr. In: Braches-Chyrek, Rita/Röhner, Charlotte/Sünker, Heinz/Hopf, Michaela (Hg.): Handbuch frühe Kindheit. Opladen, S. 153–160.

TOMASELLO, Michael (2020a): Mensch werden. Eine Theorie der Ontogenese. Frankfurt/M.

4.10 Agency und soziale Kompetenz

Überlegungen zu den theoretischen Bestimmungen des Ansatzes der „Agency" sind vor mehr als 30 Jahren im Zusammenhang mit den sogenannten „Childhood Studies" im englischsprachigen und skandinavischen Wissenschaftsraum entstanden. Beim Konzept der Agency, der Erforschung der Fähigkeit zu sozialer Kompetenz und ihrer Bedingungen, wird davon ausgegangen, dass Kinder aktiv an den Prozessen des Aufwachsens, der Erziehung und Bildung beteiligt sind. Die kindlichen Fähigkeiten, Absichten zu artikulieren und zu realisieren sowie gewünschte Ziele zu erreichen, hängen davon ab, ob, wann und wie Kinder als soziale Akteure handlungsfähig agieren können. Kinder als soziale Akteure zu betrachten bedeutet, sie als eigenständige und gleichwertige Persönlichkeiten anzusehen, deren Handeln Bedeutung zuerkannt wird. Sie sind als handlungsfähig anzuerkennen. Das bedeutet, dass Kinder als Personen wahrzunehmen sind, die sich mit ihrer Umwelt und anderen in ihrer je spezifischen Weise eigenständig und eigensinnig, aktiv und dynamisch begegnen.

Dieses theoretische Konzept vom aktiven kindlichen Leben und Erleben soll dazu beitragen, die kindlichen Einsichten über ihre sozialen Welten stärker zu berücksichtigen. Zu beachten ist, dass Kinder über unterschiedliche Ressourcen von Agency verfügen, die es ihnen erlauben, Handlungspotenziale und Handlungsalternativen zu mobilisieren und zu stabilisieren.

> Agency wird mit Handlungsfähigkeit und Handlungsmächtigkeit übersetzt. Kindliche Handlungsfähigkeit wird durch rechtliche, sozialisatorische und individuelle Perspektiven und Reflexionsmöglichkeiten ausgestaltet.

Schon kleine Kinder sind in der Lage, ihre jeweils spezifischen Ressourcen einzusetzen und zu mobilisieren, um zielgerichtet agieren zu können. Der Ansatz der Agency und der sozialen Kompetenz hat das Ziel, die kindlichen Perspektiven, ihr Handeln, ihre Wahrnehmung und Deutung von Situationen, Abhängigkeiten sowie das Austarieren von möglichen Handlungsspielräumen in den Mittelpunkt pädagogischen Handelns zu stellen.

Zentrale Fragen sind, wie Kinder von ihrer sozialen Umwelt als eigenständige Akteure wahrgenommen werden und welche Auswirkungen diese veränderte Perspektivierung auf das Handeln der Kinder hat. Gleichfalls interessiert, wie Kinder ihre Handlungsvorstellungen artikulieren und umsetzen.

Um diese Fragen zu klären, werden folgende makro- wie mikrogesellschaftliche Strukturen in den Blick genommen: die rechtlichen Rahmenbedingungen (Kinder- und Jugendhilfegesetz, UN-Kinderrechtskonvention); ideologische Annahmen (etwa die traditionelle Moratoriumsidee von Kindheit als Schutz- und Schonraum, einhergehend mit der Entpflichtung von Arbeit und Politik, aber Verpflichtung zu Bildung und Lernen); die sozial-räumlichen (Kindertagesbetreuung, Wohnumfeld) und familialen Strukturen in ihren Auswirkungen auf die konkrete Ausgestaltung kindlicher Handlungsfähigkeit. Die permanente und sich stetig weiterentwickelnde Herausbildung von gesellschaftlichen Strukturen, sozialen Verhältnissen oder auch kulturellen Rollen, Funktionen und Bestimmungen beeinflusst die kindlichen Alltags- und Lebenssituationen nachhaltig. Gleichzeitig ist dieser Betrachtungsweise auf Kinder und Kindheit schon vorausgesetzt, dass gesunde Kinder grundsätzlich aktiv sind, ihrem Handeln Sinn geben, ihre Handlungsmotive begründen und reflektieren können und somit maßgeblich selbst zur Entwicklung ihrer personalen und sozialen Identität beitragen.

Es wird davon ausgegangen, dass folgende fünf Agency-Perspektiven auf kindliches Handeln das pädagogische Handeln rahmen sollten:

- *Kinderrechte*: Kinder sollten als eigenständige Rechtspersonen wahrgenommen werden.
- *Sozialisation*: Kinder wirken aktiv bei der Aneignung von Welt, der Gestaltung ihrer sozialen Beziehungen und der Bewältigung des Alltagslebens mit.
- *Ambivalente Individualisierung*: Das Handeln von Kindern wird durch strukturelle, institutionelle und materielle Rahmenbedingungen begrenzt.
- *Perspektive der Kinder*: Kinder sind Informanten und Wissende, sie sind Zeugen und Gestalter ihrer Lebenssituation.
- *Reflexion:* Kinder reflektieren ihr Handeln und ihre Lebensumstände. Sie passen sich den Handlungsmodi in den Herkunftsfamilien, ihren sozialen Netzwerken und den Institutionen (zum Beispiel Kindertagesbetreuung) an oder verändern diese aktiv mit.

Demzufolge lässt sich festhalten, dass Kinder über mehr soziale Kompetenzen verfügen, als Erwachsene ihnen häufig zugestehen. Deutlich wird dies in den umfangreichen Untersuchungen zur Umsetzung von Kinderrechten und -interessen (Liebel 2015). Soziale Kompetenz ist kein Ergebnis der kindlichen Entwicklung oder entsteht erst durch von Erwachsenen angeleiteten Interaktionen in Erziehungs- und Bildungsprozessen. Kinder entwickeln und bilden ihre sozialen und physikalischen (angeborenen) Fähigkeiten, Handlungskompetenz und -autonomie, Gebrauch von Sprachressourcen, Gesten, Mimik, Nutzung von Materialien in den jeweils für sie relevanten räumlichen, zeitlichen und institutionellen Settings – im Verlauf ihrer Entwicklung selbst aus.

Handeln ist Ausdruck von Handlungsmacht und sollte als ein praktisches situationsabhängiges Phänomen verstanden werden, mit dem Kinder ihr Alltagsleben und ihre konkreten Lebenssituationen mitgestalten. Soziale Kompetenz berücksichtigt kindliches Handeln entlang von drei Aspekten:

Kinder sind soziale Akteure

Kinder sind handlungsfähig

Kinder sind handlungsmächtig

Abbildung 8: Kinder sind soziale Akteure

Trotz dieser höchst innovativen Sichtweise auf die Handlungsfähigkeit und Handlungsmächtigkeit von Kindern muss festgehalten werden, dass die Lebensräume von Kindern nach wie vor durch Erwachsene wie auch die Einbindung in die (kontra-)faktischen gesellschaftlichen Strukturen begrenzt werden. Kinder sind in – aus dieser Sicht unaufgeklärte – Institutionen eingebunden, gleichermaßen bestimmen noch überwiegend ebensolche Erwachsenen ihren Alltag und ihre Beziehungen. Aufgrund dieser generations- und institutionenbedingten Asymmetrien haben Kinder keinen unbegrenzten Zugang zu gesellschaftlichen und sozialen Ressourcen. Ihnen wird die Position eines sich zu entwickelnden, erziehenden und bildenden Mensches zugewiesen. Kindern werden daher nur sehr eingeschränkte Möglichkeiten eingeräumt, ihre Absichten und Interessen zu artikulieren, ihre Handlungen umzusetzen und sich dafür einzusetzen, dass ihre Meinung und ihr Wille akzeptiert werden.

Literatur zum Weiterlesen:

MORAN-ELLIS, Jo (2013): Children as social actors, agency, and social competence: sociological reflections for early childhood. In: neue praxis, 43 (4), S. 323–338.

LIEBEL, Manfred (2015): Kinderinteressen. Zwischen Paternalismus und Partizipation. Weinheim.

LARKINS, Cath (2019): Excursions as corporate agents: A critical realist account of children's agency. In: Childhood, 26 (4), S. 414–429.

SUTTERLÜTY, Ferdinand/Tisdall, E. Kay M. (2019): Agency, autonomy and self-determination: Questioning key concepts of childhood studies. In: Global Studies of Childhood, 9 (3), S. 183–187.

MORAN-ELLIS, Jo (2020): Agency und soziale Kompetenz in früher Kindheit. In: Braches-Chyrek, Rita/Röhner, Charlotte/Sünker, Heinz/Hopf, Michaela (Hg.): Handbuch frühe Kindheit. Opladen, S. 171–184.

4.11 Generationale Ordnung

Das Konzept der generationalen Ordnung ist seit den 1980er-Jahren ein international verbreiteter und anerkannter theoretischer Ansatz. Er ist im Zusammenhang mit der Herausbildung der sogenannten „Childhood Studies“ entstanden und wurde insbesondere in der deutschsprachigen Kindheitsforschung zentral für die Analyse der sozialen Bedingtheit von Kindheit (Bühler-Niederberger 2020, Alanen 2009). Die finnische Soziologin Leena Alanen hat sich mit den unterschiedlichen Deutungsmustern generationaler Ordnung auseinandergesetzt und die gesellschaftliche wie auch politische Reichweite generativer Praxen auf die konkrete Gestaltung kindlicher Lebenslagen in den Blick genommen. Relevant ist die Analyse von und der Diskurs über die gesellschaftlichen Strukturen von Erziehung und Bildung, also die gesellschaftliche Ordnung von Erziehungs- und Bildungsverhältnissen. Dabei werden drei grundsätzliche Annahmen in der theoretischen und deskriptiven (beschreibenden) Betrachtung von generativen Praxen unterschieden:

- Soziologischer Generationenbegriff: Analyse von Gruppenzugehörigkeiten, soziale Konstruktion von Alter und Altersgruppen.
- Biologischer Generationenbegriff: unmittelbare genetische Herkunft, Abstammung, Fortpflanzung.
- Historischer Generationenbegriff: Zeitverläufe und geschichtliche Erfahrungen und deren differierende Perspektivierungen.

Das Konzept der generationalen Ordnung geht von der Annahme aus, dass das Soziale generational strukturiert ist und Gesellschaften auf strikte Alterskategorisierungen angewiesen sind, um soziale

Ordnungen herstellen zu können, bspw. durch das Erbrecht (Bühler-Niederberger 2020). Somit können die alltäglichen Techniken und Praktiken der Herstellung von sozialer Ordnung durch Erwachsene und Kinder in den Blick genommen werden. In hohem Maße ist nach wie vor die konkrete Ausgestaltung von Erziehungs- und Bildungsprozessen erwachsenenzentriert. Erwachsene strukturieren und gestalten – vielfach ohne die Mitwirkung von Kindern und ohne auf die Bedürfnisse und Interessen der Kinder einzugehen – die Erfahrungs-, Aneignungs- und Bildungsangelegenheiten für Kinder. Aufgrund ihrer biologischen Andersartigkeit und der damit einhergehenden Zuschreibung von Unreife werden Kinder als noch nicht sozial, als sozial *Werdende* angesehen, die auf die soziale Welt der Erwachsenen erst noch vorzubereiten sind (Alanen 2005, 67). Erwachsene begutachten kindliche Entwicklungs- und Bildungsprozesse. Wie Kinder gebildet und erzogen werden, ist abhängig von der durch Erwachsene erfolgten Zuordnung zu einer Generation. Die Betrachtung von Kindern als sozial *Werdende* versperrt somit den Blick auf das, was Kinder sind, auf Kinder als *Seiende*, auf das, was sie tun und was sie selbst zu ihrer Entwicklung und Bildung beitragen. Ihr Einfluss auf die Ausgestaltung und Ergebnisse der Erziehungs- und Bildungsprozesse wird von den Erwachsenen wenig in den Blick genommen.

> Das Konzept der generationalen Ordnung analysiert die lebensweltlichen Zuordnungs- und Unterstellungsverhältnisse sowie die damit verbundenen Interdependenzen (wechselseitigen Abhängigkeiten) von Kindern und Erwachsenen in der Ausgestaltung von sozialen Bedingungen und Bedingtheiten im Kontext ihrer je individuellen zeitgenössischen Bearbeitungsmöglichkeiten.

Die durch Erwachsene vorgenommene Ausgestaltung von sozialen, praktischen und materiellen Handlungsanordnungen und Handlungsvermögen in Erziehungs- und Bildungsprozessen kann im Zusammenhang mit folgenden drei zentralen Grundüberlegungen gedacht werden:

- *Generationing-Praxen*: Kinder und Erwachsene sind an der Herstellung von sozialer Praxis beteiligt und durch die von ihnen ausgestalteten Beziehungs- und Interaktionsprozesse miteinander verbunden sowie voneinander abhängig.
- *Agency*: Kinder gestalten die generationale Ordnung eigenständig, als Komplizen und als kompetente Akteure. Die kindlichen Möglichkeiten, sich in die generationalen Strukturen, Wert- und Normengefüge zum Beispiel in der Familie oder Kindertagesbetreuung einzufügen, werden zumeist positiv bewertet. Hingegen werden widerständige kindliche Praktiken kritisch betrachtet (Bühler-Niederberger 2020).
- *Soziale Alleskönner*innen*: Kinder stellen sich stets auf neue Situationen ein, können Regeln erspüren, finden sich oftmals in unterschiedlichen Settings der Kindertagesbetreuung zurecht und können sich an die unterschiedlichen Formen generationaler Ordnung anpassen sowie kompetent an diesen mitarbeiten (ebd.).

Die hier aufgezeigte Besonderheit in der Ausgestaltung von Erziehungs- und Bildungsprozessen durch generationale Ordnungen und die damit einhergehenden erwachsenenzentrierten Sichtweisen und Deutungen der kindlichen Möglichkeiten, Erziehung und Bildung mitzugestalten, verweist auf eine Vielzahl von Differenzen und Gemeinsamkeiten in pädagogischen Fragestellungen und Richtungen. Sicherlich ist es notwendig, den Umfang und die Art des kindlichen Handlungsvermögens immer wieder in den Blick zu nehmen wie auch ihre starke Eingebundenheit und Abhängigkeit in die gesellschaftliche wie gemeinschaftliche Hierarchisierung und die damit verbundenen Machtverhältnisse.

Jedoch müssen Kinder auf die Welt der Erwachsenen vorbereitet werden. Demzufolge können Generationendifferenzen nicht aufgehoben werden, sie wirken konstitutiv auf die Ausgestaltung von Erziehungs- und Bildungsprozessen. Gleichzeitig haben Erziehungs- und Bildungsprozesse eine eigene Logik, die erkannt und praktisch umgesetzt werden muss. Bildungs- und Erziehungsprozesse lassen sich nicht planen, sie entstehen meist in der Auseinandersetzung und Interaktion. Sie sind nicht geradlinig, sondern vielfach unverständlich, irritierend und krisenhaft. Fortschreitende Entwicklungsstufen und Endpunkte kindlicher Entwicklungs- und Bildungsprozesse sind schwer festzulegen und können daher oftmals nur unzureichend erfasst werden. Die entscheidende Bedeutung des theoretischen Ansatzes der generationalen Ordnung liegt darin, dass eine kritische Aufklärung und engagierte Auseinandersetzung mit den begrenzten Erziehungs- und Bildungsmöglichkeiten von Kindern und den konstituierenden sowie strukturierenden Bestandteilen moderner privater wie auch institutioneller Erziehungs- und Bildungsprozesse sinnvoll zu verantworten ist.

Literatur zum Weiterlesen:

HONIG, Michael-Sebastian (1999): Entwurf einer Theorie der Kindheit. Frankfurt/M.

ALANEN, Leena (2005): Kindheit als generationales Konzept. In Hengst, Heinz/Zeiher, Helga (Hg.): Kindheit soziologisch. Wiesbaden.

ALANEN, Leena (2009): Generational order. In: Qvortrup, Jens/Corsaro, William A./Honig, Michael-Sebastian (Hg.): Handbook of Childhood Studies. Houndsmills, Basingstoke.

BÜHLER-NIEDERBERGER, Doris (2020): Lebensphase Kindheit. Weinheim.

4.12 Reale Möglichkeiten von Erziehung und Bildung: Das mehrdimensionale Konzept des „Child Well-Being"

Mit dem Konzept des „Child Well-Being" sollen nicht nur vielfältige Aspekte der kindlichen Entwicklungs- und Bildungsmöglichkeiten berücksichtigt, sondern auch die ökonomischen, kulturellen, politischen, sozial-räumlichen, sozial-emotionalen Bedingungen kindlichen Lebens und Erlebens erfasst werden. Kindliches Wohlbefinden wird als ein mehrdimensionales Konzept aufgefasst, das inden internationalen Forschungszusammenhängen der Sozialberichterstattungen zu den Lebenslagen von Kindern mittlerweile stark berücksichtigt wird, wie zum Beispiel in den World-Vision-

Studien 2007; 2010; 2013; 2018, dem DJI-Kinderpanel, der AID:A-Studie und den UNICEF-Studien und nicht zuletzt auch den PISA-Studien (Braches-Chyrek 2012; 2020).

> Mit dem Konzept Child Well-Being sollen sowohl das subjektive als auch das objektive Wohlbefinden und Wohlergehen von Kindern erfasst werden.

Den objektiven Bedingungen, wie etwa den materiellen, gesundheitlichen oder sozial-räumlichen Strukturbedingungen, wird eine ebenso große Bedeutung für die Ausgestaltungen kindlicher Lebenszusammenhänge und Lebenslagen zugeschrieben wie der subjektiven Ausgestaltung von sozialen Beziehungen zu Gleichaltrigen, Eltern und anderen. Aber auch die Erzeugung von subjektivem Wohlbefinden wie Zufriedenheit, die Befriedigung von Bedürfnissen, Glück und Moral werden im Kontext ihrer jeweils unterschiedlichen Zeitdimensionen (Gegenwart versus Zukunft) wie auch weiterer Differenzierungen von Geschlecht, Generation, Ethnie usw. in den Blick genommen. Das Konzept „Wohlbefinden" von Kindern sollte folgende Dimensionen umfassen:

- die Ausgestaltung der Sorge-, Betreuungs- und Bildungssettings durch die Eltern (Zeit, Vermögen, Interesse),
- die zweckentsprechenden kindlichen Partizipationsmöglichkeiten (im Familienalltag, im Alltag der Erziehungs- und Bildungsinstitutionen),
- das respektvolle Miteinander in Beziehungen, in Kommunikations- und Interaktionsgeschehen,
- die Zufriedenheit der Kinder (mit ihrem Leben, ihrer Einbindung in die sozialen und organisationalen Gefüge),
- die Berücksichtigung der kindlichen Bedürfnisse und Interessen (Erholung, Freizeit, Rückzugsmöglichkeiten),
- die kindlichen Gestaltungsmöglichkeiten sozialer Beziehungen (zu Gleichaltrigen, in sozialen Netzwerken u.a.).

Mit diesen Einordnungen sind Betrachtungsweisen verbunden, die Vorstellungen von „guter“ und weniger gelingender Kindheit thematisieren. Vielfach werden normative Zuschreibungen vorgenommen, um Indikatoren aufzustellen, die eine Messung von „Wohlbefinden“ ermöglichen sollen. Jedoch stellen sich in diesem Zusammenhang viele Fragen:

- Ist eine Kindheit „gut“, d.h. gelungen, wenn ein Kind alle Entwicklungs- und Bildungsschritte in der sogenannten „Normalzeit“ erfolgreich durchläuft, und ist dies gleichzeitig ein Garant für ein Wohlbefinden in der Kindheit?
- Welche politischen, finanziellen und sozialen Möglichkeiten in den gesellschaftlichen Teilsystemen Recht, Wirtschaft, Familie, Erziehungs- und Bildungsinstitutionen können gewährleisten, dass alle Kinder die Möglichkeit haben, eine „gute Kindheit“ zu durchleben?
- Wie können ungleiche Kindheiten verhindert werden?

Diese Fragen zeigen, wie schwer es ist, objektive Indikatoren zur Messung von Wohlbefinden in der Kindheit zu entwickeln. Daher wird häufig angeführt, das dass Konzept des „Child Well-Being“ als ein „umbrella-Term“ wirkt, mit dem die Vielfalt der kindlichen Lebenslagen nur ansatzweise erfasst werden könnte.

Literatur zum Weiterlesen:

BEN-ARIEH, Asher/George, Robert M. (Hg.) (2006): Indicators of Children's Well Being. Understanding their Role, Usage and Policy Influence. Social Indicators Research Series. Wiesbaden.

ANDRESEN, Sabine (2017): Child Well-Being im Schnittfeld von Forschung und Politik. Versuch einer Typologie. In: Betz, Tanja/Bollig, Sabine/Joos, Magdalena/Neumann, Sascha (Hg.): Gute Kindheit. Wohlbefinden, Kindeswohl und Ungleichheit. Weinheim, S. 70–83.

	Bild vom Kind	Erziehung und Bildung	Kindheitspädagogische Grundlagen
Reggio-Pädagogik	entdeckendes, forschendes und kreatives Kind	Sozialraum	Denkwerkzeuge, Kunsterziehung, Raumgestaltung (Raum als 3. Erzieher)
Kinderladen	offene Kinderkulturen	Kinderladen	ganzheitliche Mensch-Bildung, Kritikfähigkeit und Autonomie
Situationsansatz	Kind als aktive Lerner und Gestalter	Kindergarten	Situationsanalysen entlang der Maxime von Lebensweltorientierung, Bildung, Partizipation, Anerkennung von Verschiedenheit, Einheit von Inhalt und Form
Offener Kindergarten	kindliche Sichtweise (Eigenaktivität, Autonomie)	Kindergarten	Tätigkeits- und Funktionsbereiche
DDR	sozialistisches Gemeinschaftswesen	Kinderkrippe, Kindergarten, Heimerziehung	sozialistisches Erziehungs- und Bildungsprogramm (gesund, ästhetisch, sittlich, bewegungsorientiert)
Waldkindergarten	aktiv, bewegungsorientiert, frei	Selbstregulation	naturbezogene Erziehung und Bildung ohne Türen und Wände
Diversität	Vielfalt	Kindertagesbetreuung	Selbstverständlichkeit der Vielfalt der kindlichen Lebenslagen und -situationen
Early Excellence-Ansatz	Gemeinschaft forschender Lernender	Familienzentrum	Gemeinschaft forschender Lernender", lebensbezogene Unterstützung-, Beratung und Bildungsangebote
Kooperation und Kommunikation	Kooperation	Soziokulturelle Tätigkeit	Herausbildung von Sozialität
Agency und soziale Kompetenz	handlungsfähig und Handlungsmächtig	kindliche Lebensräume	Soziale Kompetenzen
Generationale Ordnung	Differenz von Kindern und Erwachsenen	Gesellschaft	Kinder als Seiende
Child Well-Being	subjektives und objektives Wohlbefinden	Gesellschaft	quantitative Messung von Wohlbefinden, Entwicklung von Indikatoren

Tabelle 3: Neuere Konzepte und Ansätze in der Kindheitspädagogik

---

Reflexionsfragen:

Wie kann die Qualität von Bildungs- und Erziehungspraktiken gewährleistet werden?

Was ist für Kinder eine „gute" bzw. „normale" Kindheit? Diskutieren Sie Perspektiven und Grenzen.

Was wird unter Erziehungs- und Bildungspartnerschaft verstanden?

Welche Wirksamkeit kann elterliches Handeln in der konkreten Ausgestaltung von Erziehungs- und Bildungsprozessen in der frühen Kindheit entfalten?

5. Perspektiven theoretischer Ansätze und Konzepte in der Kindheitspädagogik

Die hier aufgezeigten Grundmuster der disziplinären kindheitspädagogischen Sichtweisen machen deutlich, dass es notwendig ist, reflexive theoretische Überlegungen in Bezug auf bestehende Konzepte, Ansätze und die konkreten Praxen in den kindheitspädagogischen Handlungs- und Arbeitsfeldern einzuleiten, die eine generelle Skepsis gegenüber normativ-kategorialen Entwürfen und Bewertungen familialer wie auch kindlicher Lebensführungsmuster aufweisen. Die Anordnungsbeziehungen – also die Frage nach dem Verhältnis von Kindern, ihren Familien und der Gesellschaft – prägen professionelle Praxen und stellen diese vor ganz unterschiedliche Herausforderungen. In den kindheitspädagogischen Arbeits- und Handlungsfeldern sind drei analytische Ebenen zu trennen, die erstens Kinder als Teil einer Familie betrachten, zum Beispiel in Bezug auf den Schutz und die Förderung der Kinder, zweitens Kinder als kompetente Akteur*innen wahrnehmen und berücksichtigen, da sie zum Erhalt und Funktionieren von Familien und deren institutionellem Umfeld beitragen (wie etwa der Kindertagesbetreuung) und drittens Kinder als Mitglieder einer Gesellschaft verstehen, die eingebettet sind in generationale Arrangements, mit denen ihnen Rechte, Pflichten, Bedürfnisse und Kompetenzen auferlegt werden. Die kindheitspädagogischen Fachkräfte werden immer wieder mit divergenten Vorstellungen von „Normalität" wie zum Beispiel einer Synchronität kindlicher Entwicklungsstufen oder Vorstellungen von „Erziehungsbefähigung" der Eltern bzw. Erziehungsberechtigten und den damit einhergehenden Problemdeutungsmustern konfrontiert.

In den aktuellen Ansätzen und Konzepten zur Einordnung der theoretischen Befunde stehen die Deutungen der Handlungen von Erwachsenen im Mittelpunkt der Überlegungen und Denkanordnungen der pädagogischen Vorgänge. Insbesondere die Qualität der Bildungs- und Erziehungspraxen soll es ermöglichen, für Kinder eine „gute" Kindheit, die zur „Normalität" werden sollte, zu gewährleisten. Demzufolge wird eine frühe Förderung und gleichzeitig der Schutz vor Gefahren sowie die Verhinderung von herkunftsspezifischen Ungleichheiten zentral für pädagogisches Handeln (Braches-Chyrek/Sünker 2017b; Braches-Chyrek 2020b).

Vielfach gerät mit diesen Fokussierungen die Besonderheit des Tatbestands Erziehung und Bildung aus dem Blick. Zwei Voraussetzungen bestimmen Erziehungs- und Bildungssachverhalte: die biologische, d. h. auch entwicklungsspezifische, und die sozialen Bedingtheiten (wie bspw. die Zeigestruktur) sowie die grundsätzliche Unmöglichkeit, generationale Differenzen aufzulösen. Kindheit findet immer in einer Erwachsenengesellschaft statt; sie ist die unhintergehbare Voraussetzung für Erziehung und Bildung. Wenn also über Erziehung und Bildung nachgedacht wird, dann muss nicht nur über die gesellschaftlichen, sondern stets auch über die natürlichen Bedingungen der menschlichen Entwicklung nachgedacht werden.

6. Literatur

Aden-Grossmann, Wilma (2019): Monika Seifert – Gründerin der antiautoritären Erziehungsbewegung. In: Bock, Karin/Göddertz, Nina/Heyden, Franziska/Mauritz, Miriam (Hg.): Zugänge zur Kinderladenbewegung. Wiesbaden, S. 9–26.

Agazzi, Rosa (1942): Guida per le educatrici dell'infanzia. La scuola. Brescia.

Ahnert, Lieselotte (2015): Wie viel Mutter braucht ein Kind? Bindung – Bildung – Betreuung: Öffentlich und privat. Heidelberg.

Alanen, Leena (2005): Kindheit als generationales Konzept. In: Hengst, Heinz/Zeiher, Helga (Hg.): Kindheit soziologisch. Wiesbaden.

Alanen, Leena (2009): Generational order. In: Qvortrup, Jens/Corsaro, William A./Honig, Michael-Sebastian (Hg.): Handbook of Childhood Studies. Houndsmills, Basingstoke.

Andresen, Sabine (2017): Child Well-Being im Schnittfeld von Forschung und Politik. Versuch einer Typologie. In: Betz, Tanja/Bollig, Sabine/Joos, Magdalena/Neumann, Sascha (Hg.): Gute Kindheit. Wohlbefinden, Kindeswohl und Ungleichheit. Weinheim, S. 70–83.

Arbeitsgruppe Vorschulerziehung des Deutschen Jugendinstituts (1980): Curriculum Soziales Lernen. München.

Beck, Ulrich/Beck-Gernsheim, Elisabeth (1994): Individualisierung in modernen Gesellschaftlichen – Perspektiven und Kontroversen einer subjektorientierten Soziologie. In: ders. (Hg.): Riskante Freiheiten. Frankfurt/M., S. 10–42.

Ben-Arieh, Asher/George, Robert M. (Hg.) (2006): Indicators of Children's Well Being. Understanding their Role, Usage and Policy Influence. Social Indicators Research Series. Wiesbaden.

Bernfeld, Siegfried (1921): Kinderheim Baumgarten. Bericht über einen ernsthaften Versuch mit neuer Erziehung. Berlin.

Bernfeld, Siegfried (1925): Sisyphos oder die Grenzen der Erziehung. Wien, Neudruck: Frankfurt/M. (1967), 10. Aufl. (2006).

Blaschke-Nacak, Gerald/Stenger, Ursula/Zirfas, Jörg (2018): Pädagogische Anthropologie der Kinder. Geschichte, Kultur und Theorie. Weinheim.

Bock, Karin/Göddertz, Nina/Heyden, Franziska/Mauritz, Miriam (Hg.) (2019): Zugänge zur Kinderladenbewegung. Wiesbaden.

Borke, Jörn/Döge, Paula/Kärtner, Joscha (2011): Kulturelle Vielfalt bei Kindern in den ersten drei Lebensjahren. München: Deutsches Jugendinstitut e. V. Zugriff am 23.05.2014. Verfügbar unter: http://www.weiterbildungsinitiative.de/uploads/media/WiFF_Expertise_Nr_16_ Borke_Doege_Kaertner_Internet_PDF.pdf

Borke, Jörn/Keller, Heidi (2014): Kultursensitive Frühpädagogik. Stuttgart.

Böhm, Winfried (2012): Die Reformpädagogik, Montessori, Waldorf und andere Lehren. München.

Braches-Chyrek, Rita/Sünker, Heinz (2017): Frühkindliche Bildung – zur Aktualität kritischer Perspektiven. In: Braun, Karl-Heinz./Stübig, Frauke/Stübig, Heinz (Hg.): Erziehungswissenschaftliche Reflexion und pädagogisch-politisches Engagement: Wolfgang Klafki weiterdenken. Wiesbaden, S. 293–305.

Braches-Chyrek, Rita/Sünker, Heinz (2017a): Subjektivität. In: Taube, Gerd/Fuchs, Max/Braun, Tom (Hg.): Handbuch „Das starke Subjekt". Schlüsselbegriffe in Theorie und Praxis. München, S. 65–82.

Braches-Chyrek, Rita/Sünker, Heinz (2017b): Bildung und ungleiche Lebenswirklichkeiten in der frühen Kindheit. In: Karber, Anke/Müller, Jens/Nolte, Kerstin/Schäfer, Peter/Wahne, Tilmann (Hg.): Zur Gerechtigkeitsfrage in sozialen (Frauen-)Berufen: Gelingensbedingungen und Verwirklichungschancen. Opladen, S. 111–122.

Braches-Chyrek, Rita/Röhner, Charlotte/Sünker, Heinz (Hg.) (2012): Kindheiten. Gesellschaften: Interdisziplinäre Zugänge zur Kindheitsforschung. Opladen.

Braches-Chyrek, Rita/Röhner, Charlotte/Sünker, Heinz/Hopf, Michaela (Hg.) (2020): Handbuch frühe Kindheit. Opladen.

Braches-Chyrek, Rita (Hg.) (2020a): The future of childhood studies. Opladen.

Braches-Chyrek, Rita (2020b): Geschichte der Kinderarmut. In: Rahn, Peter/Chassé, Karl-August (Hg.): Handbuch Kinderarmut. Opladen, S. 55–66.

Braches-Chyrek, Rita/Bock, Karin (2021): Erziehungswissenschaft. In: Amthor, Ralph/Goldberg, Britta/Hansbauer, Peter/Landes, Benjamin/Wintergerst, Brigitta (Hg.): Wörterbuch der Sozialen Arbeit, Weinheim, Basel. i.D.

Bühler-Niederberger, Doris (2020): Lebensphase Kindheit. Weinheim.

Comenius, Johann Amos (1633/1962): Informatorium der Mutterschul (hg. von Joachim Heubach). Heidelberg.

Comenius, Johann Amos (1633/1958): Pampaedia Allerziehung, Heidelberg.

Comenius, Johann Amos (1657/1958): Große Didaktik (hg. v. Andreas Flitner). 6. unveränd. Aufl., Stuttgart.

Comenius, Johann Amos (1658/1978): Orbis Sensualium Pictus. Die sichtbare Welt (hg. von Andreas Flitner). 6. unveränd. Aufl., Stuttgart.

Fischer, Veronika (2020): Familienbildung – Entstehung, Strukturen und Konzepte. Frankfurt/M.

Fischer, Veronika/Gramelt, Katja (2020): Diversity in der Kindheitspädagogik und Familienbildung. Frankfurt/M.

Fliedner, Georg Heinrich Theodor (1842): Liederbuch für Kleinkinder-Schulen und die unteren Klassen der Elementarschulen, mit Melodien, Gebeten, Bibelsprüchen, Denkversen, Spielen, der Methode der Erziehung des Unterrichts in der Kleinkinderschule, einer Anleitung, solche Schulen zu errichten, und Selbstprüfungsfragen für Kleinkinder-Lehrerinnen. Kaiserswerth.

Fliedner, Georg Heinrich Theodor (1856): Kurze Geschichte der Entstehung der ersten evangelischen Liebesanstalten in Kaiserswerth (Des Asyls, des Diakonissen-Mutterhauses und des Hospitals). In: AKF, 8. Jg., S. 2–16.

Franke-Meyer, Diana (2011): Kleinkindererziehung und Kindergarten im historischen Prozesse. Ihre Rolle im Spannungsfeld zwischen Bildungspolitik, Familie und Schule. Bad Heilbronn.

Freire, Paulo (1966): Pädagogik der Autonomie. Reinbek.

Freire, Paulo (1973): Pädagogik der Unterdrückten. Bildung als Praxis der Freiheit. Reinbek.

Paulo Freire Kooperation e.V.: http://www.freire.de/ (Zugriff am 01.07.2020).

Fröbel, Friedrich (1826): Die Menschenerziehung. Die Erziehungs-, Unterrichts- und Lehrkunst, angestrebt in der Allgemeinen Deutschen Erziehungsanstalt zu Keilhau. Keilhau.

Fröbel, Friedrich (1844): Mutter-, Spiel und Koselieder. In: friedrich-fröbel-online.de.

Fröbel, Friedrich (1838/1982): Ausgewählte Schriften. 3. Vorschulerziehung und Spieltheorie. Hg. v. Helmut Heiland. Stuttgart.

Gebel, Michael/Heiland, Helmut/Proll, Hans (1997): Fröbel in seinen Briefen. Bemerkungen anläßlich der Edition einer Fröbelbriefausgabe. In: Zeitschrift für Pädagogik, 3, S. 375–393.

Göddertz, Nina (2018): Antiautoritäre Erziehung in der Kinderladenbewegung: Rekonstruktive Analyse biografischer Entwürfe von Zwei-Generationen-Familien. Wiesbaden.

Gramelt, Katja (2020): Diversität in der frühen Kindheit. In: Braches-Chyrek, Rita/Röhner, Charlotte/Sünker, Heinz/Hopf, Michaela (Hg.): Handbuch frühe Kindheit. Opladen, S. 473–482.

Gutknecht, Dorothee (2020): Betreuung, Bildung und Erziehung von Kleinstkindern in der Kita. In: Braches-Chyrek, Rita/Röhner, Charlotte/Sünker, Heinz/Hopf, Michaela (Hg.): Handbuch frühe Kindheit. Opladen, S. 581–594.

Hebenstreit-Müller, Sabine (2018): Early Excellence. In: socialnet Lexikon. Bonn, Link: https://www.socialnet.de/lexikon/Early-Excellence (Zugriff am 01.07. 2020).

Heiland, Helmut (2015): 175 Jahre Kindergarten. Friedrich Fröbel und sein pädagogisches Erbe: In: Diskurs Kindheits- und Jugendforschung, Heft 4, S. 367–380.

Heyden, Franziska (2018): Die lebensgeschichtliche Bedeutung des Kinderladens: Eine biografische Studie frühkindlicher Pädagogik. Wiesbaden.

Honig, Michael-Sebastian (1999): Entwurf einer Theorie der Kindheit. Frankfurt/M.

Höltershinken, Dieter/Hoffmann, Hilmar/Prüfer, Gudrun (Hg.) (1997): Kindergarten und Kindergärtnerin in der DDR. Band I und Band II. Neuwied.

Ina: http://www.ina-fu.org/ista/content/pdf/konzeptionelle_grundsaetze.pdf (Zugriff am 01.07.2020).

Israel, Agathe (2017): Frühe Fremdbetreuung in der DDR – Erfahrungen mit der Krippenerziehung. In: Deutschland Archiv, 17.11.2017, www.bpb.de/259587 (Zugriff am 01.07.2020).

Kamp, Martin (2006): Die Pädagogik A.S. Neills, www.yumpu.com (Zugriff am 23.06.20).

Key, Ellen (autorisierte Übertragung von Francis Maro) (1905): Das Jahrhundert des Kindes. Studien von Ellen Key. Berlin.

Knauf, Tassilo (2017): Reggio-Pädagogik. Berlin.

Korczak, Janusz (1967): Wie man ein Kind lieben soll (poln. Erstausgabe: Prawo dziecka do szacunku 1919). In: Sämtliche Werke, Bd. 4. Gütersloh, S. 7–315.

Korczak, Janusz (1929): Das Recht des Kindes auf Achtung (poln. Erstausgabe: Prawo dziecka do szacunku 1928). In: Sämtliche Werke, Bd. 4. Gütersloh, S. 383–413.

Korczak, Janusz (1939): Fröhliche Pädagogik (poln. Erstausgabe: Pedagogika żartobliwa 1939). In: Sämtliche Werke, Bd. 4. Gütersloh, S. 415–493.

Korczak, Janusz König (1923/1974): Hänschen der Erste. München.

Korczak, Janusz König (1923/1975): König Hänschen auf der einsamen Insel. München.

Korczak, Janusz König (1925/1973): Wenn ich wieder klein bin. Göttingen.

Korczak, Janusz König (1924/1973): Jack handelt für alle. Berlin.

Larkins, Cath (2019): Excursions as corporate agents: A critical realist account of children's agency. In: Childhood, 26 (4), S. 414–429.

Liebel, Manfred (2015): Kinderinteressen. Zwischen Paternalismus und Partizipation. Weinheim.

Lill, Gerlinde (2006): Einblicke in die offene Arbeit (betrifft Kinder). Kiliansroda.

Lüpke, Friedemann (2004): Pädagogische Provinzen für verwahrloste Kinder und Jugendliche. Eine systematisch vergleichende Studie zu Problemstrukturen des offenen Anfangs der Erziehung. Die Beispiele Stans, Junior Republic und Gorki-Kolonie. Würzburg.

Makarenko, Anton Semjonowitsch (1971): Der Weg ins Leben. Ein pädagogisches Poem (Volltext unter Педагогическая поэма, 1933–1935). Berlin.

Makarenko, Anton Semjonowitsch (1931): Verfilmung: Der Weg ins Leben.

Makarenko, Anton Semjonowitsch (1970): Vorträge über Kindererziehung, Volk und Wissen. Berlin.

Malaguzzi, Loris (o.J.): „Und es gibt Hundert doch". Hundert Sprachen hat das Kind (I cento linguaggi dei bambini). In: Reggio Children (Hg.) (2002): Hundert Sprachen hat das Kind. Ausstellungskatalog. Neuwied und Berlin.

Mann, Katja (2004): Ellen Key. Ein Leben über die Pädagogik hinaus. Wissenschaftliche Buchgesellschaft. Darmstadt.

Mauritz, Miriam (2018): Emanzipation in der Kinderladenbewegung: wie das Private politisch wurde. Wiesbaden.

Miklitz, Ingrid (2011): Der Waldkindergarten. Dimensionen eines pädagogischen Ansatzes. 4. aktual.und erw. Aufl., Berlin.

Montessori, Maria (1914/1922): Dr. Montessoris Own Handbook (Mein Handbuch). Grundsätze und Anwendung meiner neuen Methode der Selbsterziehung der Kinder. Stuttgart.

Montessori, Maria (1923): Die Selbsterziehung des Kindes (Die Lebensschule – Schriftenfolge des Bundes Entschiedener Schulreformer), Heft 12.

Montessori, Maria (1949/1969): Das kreative Kind – der absorbierende Geist (engl. The Absorbent Mind). Freiburg.

Montessori, Maria (1952/2019): Kinder sind anders (engl. The Secret of Childhood), Il segreto dell'infanzia (1938) (hg. 1950; 9. Aufl. 1966). Freiburg.

Montessori, Maria (1969): Die Entdeckung des Kindes. Freiburg.

Montessori, Maria (1979): Spannungsfeld Kind – Gesellschaft – Welt. Freiburg.

Montessori, Maria (2005): Grundlagen meiner Pädagogik. Wiebelsheim.

Moran-Ellis, Jo (2013): Children as social actors, agency, and social competence: sociological reflections for early childhood. In: neue praxis, 43 (4), S. 323–338.

Moran-Ellis, Jo (2020): Agency und soziale Kompetenz in früher Kindheit. In: Braches-Chyrek, Rita/Röhner, Charlotte/Sünker, Heinz/Hopf, Michaela (Hg.): Handbuch frühe Kindheit. Opladen, S. 171–184.

Neill, Alexander Sutherland (1969): Theorie und Praxis der antiautoritären Erziehung. Das Beispiel Summerhill. Hamburg.

Neill, Alexander Sutherland (1971): Das Prinzip Summerhill, Fragen und Antworten. Hamburg.

Nentwig-Gesemann, Iris (1999): Krippenerziehung in der DDR – Alltagspraxis und Orientierungen von Erzieherinnen im Wandel. Wiesbaden.

Pestalozzi, Johann Heinrich (1767): Meine Nachforschungen über den Gang der Natur in der Entwicklung des Menschengeschlechts. Geßner, Zürich.

Pestalozzi, Johann Heinrich/Richter, Karl (1780/1885): Die Abendstunde eines Einsiedlers. Leipzig.

Pestalozzi, Johann Heinrich (1799/1998): Brief an einen Freund über seinen Aufenthalt Stans. In: Dietrich, Theo (Hg.): Kleine Schriften zur Volkserziehung und Menschenbildung. Bad Heilbrunn, S. 18–38.

Pestalozzi, Johann Heinrich (1800/1924): Mutter und Kind (1800/1924), eine Abhandlung in Briefen über die Erziehung kleiner Kinder. Zürich und Leipzig.

Pestalozzi, Johann Heinrich (1801/2006): Wie Gertrud ihre Kinder lehrt. WFB Verlagsgruppe.

Pestalozzi, Johann Heinrich (1804): Lienhard und Gertrud. Ein Buch für das Volk. Zürich.

Pestalozzi, Johann Heinrich (1809/1967): Lenzburger Rede, Schriften zur körperlichen Erziehung, Schwanengesang. Zürich.

Pestalozzi, Johann Heinrich (1826): Pestalozzis Schwanengesang. Stuttgart und Tübingen.

Pikler, Emmi (2001): Laßt mir Zeit. Die selbständige Bewegungsentwicklung des Kindes bis zum freien Gehen. Untersuchungsergebnisse, Aufsätze und Vorträge (mit Anna Tardos) (3. Aufl.). München.

Pikler, Emmi (2002): Miteinander vertraut werden. Erfahrungen und Gedanken zur Pflege von Säuglingen und Kleinkindern (3. Aufl.) (Hg.: Anna Tardos, Lienhard & Laura Valentin). Freiamt.

Pikler, Emmi (2008): Friedliche Babys – zufriedene Mütter. Pädagogische Ratschläge einer Kinderärztin (9. Aufl.). Freiburg.

Preiß, Christine (2013): Bildung, Betreuung und Erziehung in der Einwanderungsgesellschaft. Hintergründe und bildungspolitische Ansätze (Hg.: Deutsches Jugendinstitut e. V. Weiterbildungsinitiative Frühpädagogische Fachkräfte (WIFF). München.

Preissing, Christa (Hg.) (2007): Qualität im Situationsansatz. Qualitätskriterien und Materialien für die Qualitätsentwicklung in Kindertageseinrichtungen. Berlin.

Ranke, Johann Friedrich (1848): Methode der Erziehung und Beschäftigung kleiner Kinder in Kleinkinderschulen und Familie. Düsseldorf.

Regel, Gerhard (2011): Offener Kindergarten konkret in seiner Weiterentwicklung: Aus der Praxis für die Praxis, 20 Jahre später. Berlin.

Regel, Gerhard/Wieland, Axel, Jan (2007): Offener Kindergarten konkret: Veränderte Pädagogik in Kindergarten und Hort. Berlin.

Reggio Children (Hg.) (2013): Kindertagesstätten und Krippen der Stadt Reggio Emilia. Reggio Emilia.

Reyer, Jürgen/Franke-Meyer, Diana (2015): Klassiker der Pädagogik der frühen Kindheit: Ideengeber und Vorläufer des Kindergartens. Weinheim.

Rousseau, Jean-Jacques (1761/2003): Julie oder Die neue Heloise (Julie ou la Nouvelle Héloïse), Briefe zweier Liebenden aus einer kleinen Stadt am Fuße der Alpen. München.

Rousseau, Jean-Jacques (1762/2010): Emile oder über die Erziehung (Émile ou De l'éducation). Köln.

Röhner, Charlotte (2020): Natur- und Waldkindergärten. In: Braches-Chyrek, Rita/Röhner, Charlotte/Sünker, Heinz/Hopf, Michaela (Hg.): Handbuch frühe Kindheit. Opladen, S. 255–264.

Sachße, Christoph (2018): Die Erziehung und ihr Recht. Vergesellschaftung und Verrechtlichung von Erziehung in Deutschland 1870–1990. Weinheim.

Sauerbrey, Ulf/Winkler, Michael (2018): Friedrich Fröbel und seine Spielpädagogik. Eine Einführung. Paderborn.

Seifert, Monika (1970): Kinderschule Frankfurt. In: Vorgänge 5, S. 158–162.

Sommer-Himmel, Roswitha (2020): Familienzentren. In: Braches-Chyrek, Rita/Röhner, Charlotte/Sünker, Heinz/Hopf, Michaela (Hg.): Handbuch frühe Kindheit. Opladen, S. 605–613.

Stary, Ute (2018): Wochenkrippen und Kinderwochenheime in der DDR. In: Deutschland Archiv, 19.1.2018, www.bpb.de/262920 (Zugriff am 01.07.2020).

Steiner, Rudolf (1894): Die Philosophie der Freiheit: Grundzüge einer modernen Weltanschauung. Berlin.

Steiner, Rudolf (1906): Die Erziehung des Kindes (Vortrag 4): Vor dem Tore der Theosophie. Stuttgart.

Steiner, Rudolf (1907): Die Erziehung des Kindes vom Gesichtspunkte der Geisteswissenschaft. Erstveröffentlichung: „Lucifer-Gnosis", Nr. 33, Mai 1907 (GA

Bd. 34, S. 309–348) (Rudolf Steiner Online Archiv) http://anthroposophie,byu.edu.

Steiner, Rudolf (1919): Allgemeine Menschenkunde als Grundlage der Pädagogik: Menschenkunde und Erziehungskunst. Ein pädagogischer Grundkurs: Schulungskurs für die Lehrer der ersten Waldorfschule (Rudolf Steiner Online Archiv) http://anthroposophie,byu.edu.

Steiner, Rudolf (1925): Mein Lebensgang. Eine nicht vollendete Autobiographie mit einem Nachwort (hg. v. Marie Steiner). Dornach (Schweiz).

Steiner, Rudolf (2010): Gesammelte Werke. Schriften und Vorträge zu Pädagogik, Philosophie, Politik, Medizin, Geschichte und Kunst. Berlin.

Sutterlüty, Ferdinand/Tisdall, E. Kay M. (2019): Agency, autonomy and self-determination: Questioning key concepts of childhood studies. In: Global Studies of Childhood 9 (3), S. 183–187.

Tardos, Anna (2015): Das Kind ist ein Akteur seiner Entwicklung. In: Gilles-Bacciu, Astrid/Heuer, Reinhild/Bildungswelt der Erzdiözese Köln e.V./Pikler Gesellschaft Berlin (Hg.): Pikler. Ein Theorie- und Praxisbuch für die Familienbildung. Weinheim, S. 29–34.

Tomasello, Michael (2010): Warum wir kooperieren. Frankfurt/M.

Tomasello, Michael (2020): Kooperation und Kommunikation im zweiten Lebensjahr. In: Braches-Chyrek, Rita/Röhner, Charlotte/Sünker, Heinz/Hopf, Michaela (Hg.): Handbuch frühe Kindheit. Opladen, S. 153–160.

Tomasello, Michael (2020a): Mensch werden. Eine Theorie der Ontogenese. Frankfurt/M.

Toppe, Sabine (2010): Zwischen fürsorglichem Interesse und sozialer Disziplinierung – Betriebliche Kinderfürsorge in der bremischen Textilindustrie um 1900. In: Bühler-Niederberger, Doris/Mierendorff, Johanna/Lange, Andreas (Hg.): Kindheit zwischen fürsorglichem Zugriff und gesellschaftlicher Teilhabe. Wiesbaden, S. 229–252.

Tremp, Peter (2000): Rousseaus Émile als Experiment der Natur und Wunder der Erziehung. Opladen.

Wolke, Christian Hinrich (1785): Das Buch zum Lesen und Denken. Petersburg.

Wolke, Christian Hinrich (1802): Nachricht von den zu Jever durch die Galvani-Voltaische Gehör-Gebe-Kunst, Oldenburg.

Wolke, Christian Hinrich (1805): Kurze Erziehungslehre oder Anweisung zur körperlichen, verständlichen und sittlichen Erziehung: anwendbar für Mütter und Lehrer in den ersten Jahren. Leipzig.

Wygotski, Lew Semjonowitsch (1971): Denken und Sprechen (3. Aufl.). Frankfurt/M.

Wygotski, Lew Semjonowitsch (1975): Zur Psychologie und Pädagogik der kindlichen Defektivität. In: Die Sonderschule, Jg. 20, Heft 2, Berlin (Volk und Wissen), S. 65–72.

Wygotski, Lew Semjonowitsch (1987): Ausgewählte Schriften. Band 2: Arbeiten zur psychischen Entwicklung der Persönlichkeit. Köln.

Zeitschrift Frühe Kindheit, Verlag freies Geistesleben. Stuttgart.

Zimmer, Jürgen (2000): Das kleine Handbuch zum Situationsansatz. Weinheim.

Zimmer, Jürgen/Preissing, Christa/Thiel, Thomas/Heck, Anne/Krappmann, Lothar (1997): Kindergärten auf dem Prüfstand. Seelze-Velber.